THOMAS GSELLA
KOMISCHE DEUTSCHE

THOMAS GSELLA

KOMISCHE DEUTSCHE

carl's books

Verlagsgruppe Random House FSC-DEU-0100
Das für dieses Buch verwendete FSC®-zertifizierte Papier
Lux Cream liefert Stora Enso, Finnland.

1. Auflage
© 2012 by carl's books, München,
in der Verlagsgruppe Random House GmbH
Umschlaggestaltung: semper smile, München
Bildredaktion: Dietlinde Orendi
Satz: Uhl + Massopust, Aalen
Druck und Bindung: CPI – Clausen & Bosse, Leck
Printed in Germany
ISBN 978-3-570-58506-1

www.carlsbooks.de

INHALT

VORWORT

Im Jahr 2004 gab der Berliner Dichter Steffen Jacobs ein Buch mit deutschsprachigen Gedichten aus vier Jahrhunderten heraus. Sie stammten allesamt von humoristischen und sonstwie gewitzten Autoren, von Ringelnatz und Morgenstern also, von Goethe und Gernhardt und vielen vielen Unbekannteren, auch ich war mit einigen Reimen vertreten. Das Buch hieß »Die komischen Deutschen« und präsentierte Landsleute, die so absichtsvoll wie lustvoll Komisches, Lustiges, Witziges schrieben und schreiben.

Auch »Komische Deutsche« versammelt, wie der Titel vermuten lässt, komische Deutsche, allerdings vorwiegend solche, die sich gar nicht komisch finden, und das aus gutem Grund: Sie sind tatsächlich gar nicht komisch. Zumindest glauben sie das und könnten es durchaus belegen: Sie schreiben keine komischen Gedichte, sie gehen einer Tätigkeit nach, die sie für äußerst ernsthaft halten, und ihre Witze sind miserabel.

Trotzdem bringen sie uns zum Lachen, weil sie, in der alltagssprachlichen Wortbedeutung, trotzdem komisch sind. Sie machen komische Sachen, formulieren seltsame Sätze, setzen sich wunderliche Ziele und führen ein erstaunliches, zum Teil bizarres Leben. Sie fallen auf, weil sie auffallen möchten, denn ihre Lieblingsplätze sind die Spalten der Presse, die Redaktionen der Radios, »das große Maul des Fernsehens« (Eckhard Henscheid). Es sind die Prominenten der Bühnen Kultur, Sport, Kirche, Unterhaltung, Wirtschaft und Politik, lustige Vögel wie Sarrazin, komische Käuze wie Guttenberg und Wulff oder die Verrückte Koch-Mehrin, die überführt wurden und unverdrossen schamlos weiterbrummen wie der gleichfalls endlose Michael Schumacher; es sind irr schillernde Knaller auf grauen Posten wie Angela Merkel, Heidi Klum und Guido Westerwelle; und es sind, weil keine Spitze ohne Eisberg, vieleviele andere Deutsche, die sich da tummeln und spreizen in ihren sonderbaren Vereinen und Geheimbünden: die Eheleute, die Sparer und die Christen, die Rekruten und Revolutionäre, die Journaille und

andere Werber, die mit dem komischen Namen, die mit der lustigen Brille und all die, die es verdienen. Und natürlich die Unschuldigen. Die ganz besonders.

Wir beginnen mit dem »ADAC«.

SO LEBEN DIE ANDERN

Monat für Monat verschickt der Allgemeine Deutsche Automobil-Club rund elfeinhalb Millionen Exemplare seiner Mitgliederzeitschrift *ADAC Motorwelt*. Das zeigt: Es ist die größte deutsche Hochbegabtenillustrierte. Und ihre Leser sind vielleicht der weltweit größte Eselshaufen aller Zeiten. Wo immer acht Deutsche beieinander hocken, hockt ein mieses kleines Clubmitglied dabei, entzieht der Stimmung alle Freude und verpestet die Gesamtsituation. Das ist ja kein Geheimnis. Doch welcher Art ist dieser Mitbürger im Kleinen? Mit welchen Dingen, Hobbys etc. umgibt er seine, um es einmal höflich auszudrücken, widerliche Saugestalt?

Aufschluß geben die Anzeigenseiten der Vereinszeitschrift. In fast jeder *ADAC Motorwelt* schaltet die Planeta Hausgeräte GmbH ganzseitige Vierfarbanzeigen. Angepriesen wird der extrem indiskutable Massage- und Relax-Sessel Präsident, eine Kombination aus repräsentativem Sessel, Massage-Sessel, Ruhe-Liege und Massage-Liege. Mit Stereo-Radio und Kassettendeck. Und eines Tages war es dann soweit: Die Anzeige erhielt den Zusatz »Der meistgekaufte Massagesessel Europas«. Laut aktueller ADAC-Preisliste Nr. 68 kostet eine dieser Anzeigen rund 114 000 Euro. Bei elf Anzeigen macht das über eine Million Geld! Conclusio: Die wurden innerhalb des einen Jahres komplett rückerwirtschaftet. Der Clubberer kauft nämlich jedes Gelumpe weg, sobald sein Heftchen es ihm regelmäßig offeriert. Dann freilich hat er diesen Schmuck am Hals, muss damit leben. Das geht so:

6 Uhr. Im wackeligen Mitglieds-Bausatzeigenheim für 96.742 Euro ab Oberkante Kellerdecke lungert morgens ein bewegungsarmes Etwas mürrisch auf dem Präsident, lässt sich seinen Aknerücken schrubbeln und hat Pläte, Pläte, noch mal Pläte – sogar die Frau! Pro Heft durchschnittlich zwanzig teure *Motorwelt*-Anzeigen umkreisen dieses Clubanliegen. Im Angebot sind juckende, teils schwitzpickeligste Haare auf die feine Art, HERRliche Haare, Laser-Transplantation, Haare statt Glatze, Haarverpflanzungen, Haare für Anspruchsvolle, Eigenhaar durch Kleinst-Transplantate, Haare ästhetisch verpflanzt, Oben-ohne-Saison beendet, Haare sofort und so weiter und so weiter. Es ist der reine Antiglatzeninteresseclub. Der Allgemeine Doofe Ausfall-Club!

Punkt 6 Uhr 30 wuchtet sich die Hauptperson mittels einer Aufstehhilfe vom Blödensessel auf die unfassliche Henkel Ideal-Gesundheitsliege, und hereingeschneit kommt, mit dem räudigsten aller vorstellbaren Frühstückswagen, seine hübsche aufgeschlossene Frau und Beifahrerin. Bestellt hat er sie beim Reutlinger happy contact. Herren gesucht! Frauen aus ganz Deutschland suchen laufend Herren. Auf dem Frühstückswagen liegt die verlogene Dose Muskel-Aufbaustoff der Firma Koelbel-Trainingsforschung, das schurkische Roth-Heildrogen-Tonikum für Männer über 50, ein zurückerlangter Führerschein mit eingefressenen Blutresten, ein Höpfner-Maßhemd mit integriertem Würgestreifenschlips sowie natürlich Herrchens Adler-Autofahrerhose mit

vergrößerbarer Bundweite. Auf dass der schwabbelige Clubsack bloß hinter seinen Gurt passt!

Um 7 Uhr bricht die Hölle los. Frau Glatze schmeißt den Garvens-Zimmerspringbrunnen grad in dem Moment an, in dem das Herrchen pfeifend und wie herzkrank in die AET-Knie-Medical-Bandage klettert; vom vielen Autofahren sind ja gleichfalls die Gelenke samt der Bänder weich, verkümmert und leicht faulig. Doch schon piepst es streng: Der elektronische Mäusejäger (Jork) hat sich selber angemacht; Mäuse, Ratten, Marder und pesttragende Wildtäuberiche hetzen durch das depressive Sesselheim, derweil ein ganz und gar aus Hass bestehendes Mitgliedsehepaar verloren in den Brockhaus starrt, und nun stinkt's unfassbar schlimm und unerträglich. Zum Glück fällt, potz!, die Ehefrau schräg um, denn der Kahle hat den ComTex-Elektroschocker an sie drangehalten – aus Rache, dass sie den kraft seiner bloßen Außenform jähzornigstmachenden Venta-Raumluftwäscher noch nicht eingeschaltet hat. Und den verqueren Raumlufttrockner aus dem Hause Kälte Kaut auch nicht. Es ist immer das gleiche.

7 Uhr 15: Zäh, mit wirrem Blick und rülpsend, krabbelt der zwergwüchsige Herr Haarlos in die Mario-Bertulli-Zauberschuhe, und endlich ist die ganze nickelige Körpermasse bis zu sieben Zentimeter größer, hat Erfolg bei Frauen und im Beruf. Wenn nur der tief eingewachsene Zehennagel nicht so unbarmherzig ans Dornwarzendutzend zwickte! Also her mit dem Schweizer Pediküre-Hifi Elektro-Maniquick, der Grützhügel und Schorfbeulen schön schmerzhaft runterschleift.

7 Uhr 30: Zeit fürs Auto. Ungustiös bis widerwärtig ist sein Äußeres, abscheulich dünsten maßgeschneiderte Lammfellbezüge

der Firma Hund todkranke Luft in die ans Eigenheim genähte Overmann-Betongarage. Bewährt hat sich seit Jahren folgendes: Sobald »Er« aus dem Haus ist, greift »Sie« voll Gram und Selbstmitleid zum weltweit schleimigsten unter allen Gegenständen, dem Haushalts-Dampfreiniger des Nordhorner Tien-Versands. Schrubbelt und bedampft das abstoßend böse Eigenheim, bis alles wieder blitzblank sauber strahlt – ohne Wischen, ohne Nachpolieren. Sogar die goldene Olympia-Gedenkmünze in höchster Prägequalität blitzt rein und fein, und die Ehefrau will längst schon kotzen über all ihr unsagbares Pech und Unglück. Da aber brüllt die Warnkamera der heimeigenen Detektiv- und Selbstschutzausrüstung! Denn die gleichfalls suizidbereite Katze sprang vom Fensterbrett, jetzt zappelt sie im quälerischen Katzenauffangnetz der Firma Boy-Netze. So geht der Morgen hin.

13 Uhr: In seiner Mittagspause fährt der Ehemann zur Uzman imp.-exp. und kauft sich ein Metallsuchgerät mit Metallunterscheidung. Sicheres Aufspüren von Gold, Silber, Münzen, Waffen, Orden usw. ist dem verlausten Saubatzen nun möglich. Doch auf dem Rückweg braust das Maushirn stolz in eine Unfallstelle, zählt zum Personenschaden. Nichts bleibt der Ehefrau und Krähe, als beim Versand in.pro. – Alles was Autos Spaß macht anzurufen und den grad erst nachbestellten Ultraschall Park Boy II wieder abzubestellen. Statt dessen ordert sie eine Rundumgarnitur Rollstühle, denn eines ist dem Clubmitglied auf Lebenszeit verboten: Strecken von über zwanzig Metern zu Fuß zurückzulegen. Die erste Lebensphase verbringt er in der Limousine; nach dem stets herbeigesehnten Unfall steigt er heilfroh in andere Modelle um: in den Elektro-fix von Adler, den schnellen Butler von der Firma Tünkers, das TGR-Modell mit Rollschub und Lenkhilfe, den alberWendetreppenrollstuhl sowie die Wenn die Treppe zum Problem wird-Treppenlifts von TLG und Hiro-Lift. Ei, wie's da rundgeht!

17 Uhr: Auch das noch: Der frisch verschraubte Krüppelzwerg kommt aus dem Krankenhaus, steigt in den Elektro-Fix, greift sich seinen Goldsuchboy und will im Eigenheim nach Schätzen bohren, rollt aus Versehen in den Gartenpool und geht beinah' zu Tode.

Ach, hätte die Angeheiratete und Dampfputze nur die Vöroka-Schwimmbad-Überdachung ausgefahren! Doch der verbohrte Gipswinzling überlebt, aus Rache schießt er mit dem ComTex-Luftgewehr mit Zielfernrohr drei Tauben tot.

20 Uhr: Ein schöner, sanfter Abend könnte durch das Höllenheim vibrieren, wenn das Clubehepaar nicht wieder und erneut von Darmsenkung gestichelt würde. Vom Absacken des Dickdarmendes in die Genitalgewebezonen! Iiihh! Helfen könnte jetzt nur noch ein pieksend pralles Top-Spranzband mit Schenkelriemen. Da aber kriecht das Wunschpaar tiefer in die *Motorwelt* und liest: Bruch-Slips. Neu – nach modernster Erkenntnis – ohne Feder und harte Druckkissen – sieben Tage kostenlos zur Probe! Au ja! Und dann ungewaschen wieder zurück! Von der bloßen Vorstellung wird beiden astrein schlecht, und schnell geben sie die Bestellung auf.

Ausblick und Moral: Das ADAC-Mitglied ist eigentlich ganz prima. Vom Ansatz her ein armes kleines dickes lahmes kahles Ferkelchen ohne jede Aussicht auf Verbesserung, durchbraust es seine erste Lebenshälfte in Autos mit Lammfellbezug, die zweite auf Treppenlift und Rollis. Sein mit Gedenktalern und Katzenauffangnetzen zubarrikadiertes Heim sieht voll super aus und stinkt, und wenn die hoffnungslose Ehefrau drei Wünsche hätte, ihr würde keiner einfallen. Blass bläst sie reinigende Dämpfe durch die Stube, umtänzelt irr den unterm Zimmerspringbrunnen angeleinten Mäusejäger, derweil ihr hühneraugenübersäter Glatzenmann in seine Schummelschuhe steigt, um im Vorgarten Gold zu suchen.

Gott, was für ein Paradies!

Soll man also eintreten? Ja selbstverständlich. Denn das Schlimmste ist nicht, diesen elfeinhalb Millionen Glückspilzen anzugehören. Schlimmer ist es, von ihnen überfahren zu werden.

(Quelle: Anzeigen der ADAC Motorwelt)

GEWINNER DES JAHRES
2011–2040: DER WULFF

Wer war der erste Mann im Staat?
Wer stand für Würde und Format?
Wer war die Made* im Salat?
Der Wulff, der Wulff, der Wulff

Wer hatte einen Freundeskreis?
Wer kannte Ware, Hehler, Preis?
Wer war die Fliege* im Geschmeiß?
Der Wulff, der Wulff, der Wulff

Wer schenkte uns den Lachanfall?
Wer strahlte noch bei Stromausfall?
Wer war die Sau* im Schweinestall?
Der Wulff, der Wulff, der Wulff

Wer hat bewegt, gerührt, geführt?
Wer war zu Großem auserkürt?
Wer nimmt das Geld, das ihm gebührt?
Der Wulff, der Wulff, der Wulff

Wer freut uns so in Tun und Wort?
Wer saß demnach am rechten Ort?
Wer stürze diesen Gauck! Sofort!
Der Wulff, der gute* Wulff!

* nach den Regeln der Metrik zweisilbig, jedoch inhaltlich Quatsch. Lies besser jeweils:
  »der Bio-Sonnenblumenkern«

SIE ABER, ERNST AUGUST PRINZ VON HANNOVER,

klagten kürzlich auf Rückgabe adelseits zusammengeraubter und später re-enteigneter ostdeutscher Schlösser und Äcker im Wert von 1000 Milliarden oder wenigstens 100 Mio Euro und wollten sich mithin einen Gutteil der Solizwangsabfuhr beziehungsweise der neuen Bundesländer in natura einsacken, doch daraus wurde im ersten Anlauf nichts. Zwar legten Sie dann, wie man las, »neue Beweismittel aus Moskau« vor, aber wiederum: niente und Schluss des Verfahrens. Adel allerdings verpflichtet, und so ist Ihre Niederlage, werthes Prinzenfröschchen, der Menschheit Bammel. Denn welches grundimpertinente Bürger- und Proletenschwein wird's diesmal büßen? Welchen armen Zeitungsesel und sonstwie Ihrer Sittlichkeit zu nahe Kommenden werden Sie nun wieder komplett verhauen und in die Notaufnahme boxen? Den Erstbesten halt? Oder haben Ihro Benimmmogul dazugelernt und pissen lieber vollrohr ans verantwortliche Verwaltungsgericht Magdeburg? Vollrohr und wie im Rausch der Expo Hannover superblau?

Bitte sagen Sie jetzt nichts.

APROPOS, KARL LAGERFELD!

»Ich liebe es, viel Raum zu haben, nichts ist groß genug für mich. Sie könnten mich allein lassen in Versailles – es würde mir nicht als zu groß vorkommen. In Paris wohne ich auf 1800 Quadratkilometern«, pardon: »Quadratmetern und finde das zu klein.« Nun liefert aristokratische Schamlosigkeit seit je das Vorbild aller bürgerlichen und also proletarischen Abgreifutopien – aber sooo groß? Herrgottnochmal, Karl! Da findest doch selbst Du die Sonnenbrille nicht wieder.

Gib's halt zu!

HUHU, NACHRICHTENMAGAZIN *FOCUS*!

Da man Dein kürzliches Titelblatt immerhin fast 1,4 Sekunden angucken musste, um die dort stehende Frage zu lesen: »Test: Gehen Sie intelligent mit Ihrer Zeit um?«: offenbar nö.

SIE WIEDERUM, DURS GRÜNBEIN,

beantworteten die Autorenrundfrage des Feuilletons der *Süddeutschen Zeitung* »Wann stehen Sie morgens auf?« überaus konzis, ja knallig: »Ich stehe niemals auf. Wer aufsteht, ist verloren. / Das Bett, die Wiege der Erkenntnis, nehm ich mit, / Den Tag durchträumend, scheinbar wach. / Man hat mich ungefragt geboren, / Und niemand fragt mich, ob ich sterben will. / So leb ich hin und bald ist es vollbracht.« Kurzum: gegen halb sieben; und also in der Tat ein bisschen früh.

Schlafen S' halt mal aus!

UND SIE, VEREHRTER ABENTEURER RÜDIGER NEHBERG,

planen laut Klatschpresse jetzt endlich so was: »Der Abenteurer lässt sich nachts im brasilianischen Urwald abseilen und muss allein ohne Essen und Ausrüstung zur Zivilisation zurückfinden.«

Nein, müssen Sie nicht.

LETZTE RUHE

Vor Gräbern sagen Menschen weinend amen.
Der Tod entreißt den Lebenden das Glück.
Wo Leben war, verbleiben nurmehr Namen:
Herr Stender und die Eheleute Fick.

Nach Wilhelm starb die Emma. Und wir lesen:
Einst hieß sie Holz. Dann nahm ihr Gott den Mann.
Verwitwet sie; und unbestimmt sein Wesen,
So vornamlos, wie's nur ein Stender kann.

Sie weinte laut. Dann kam ein neues Sehnen.
Sie nahm sich einen Fick, und der war gut.
Doch sagt mir, was zum Teufel unter denen
Das fromme Fräulein Bertha Hofmann tut?

Nebst beiden Ficks ruht ja auch Emmas Schwager
Und Stender-Jonni tot in Berthas Grab!
Bezahlten ihre Kinder denn fürs Lager
Der armen Mutter nichts, seitdem sie starb?

Die erste Mahnung wollte noch versöhnen.
Nichts kam zurück. Da wurd' der Ton schnell barsch:
»Wir schichten auf, wenn Sie nicht schleunigst löhnen.«
Die Kinder schrieben: »Leckt uns doch im Arsch!«

Wie wurde da der Friedhof bitterböse!
Und unterm Stender wär' noch gar was frei …
Geb' Gott, dass niemals eine Jenni Möse
Die Nummer vier in diesem Bunde sei!

MEHR INHALT WAGEN
Zum Imagewandel der A. Merkel

Von »Kohls Mädchen« zur interimen »Königin Europas« und, nach einer kleinen Krise, erneut landweit Beliebtesten und strahlenden Number One: Seit Elisabeth I. (1533–1603) stellte keine Regentin ihre Seele und Erscheinung so kompromisslos in den Dienst des Staates wie die deutsche Bundeskanzlerin, die ebenfalls nur eines möchte: »meinem Land dienen«. Manche fürchten, sie werde sich bald gleichfalls Kopfhaut und Gesicht rasieren respektive tünchen.

Denn nun schon sieben ellenlange Jahre verdutzt sie sich und uns; und schaute bis zum ersten stilberaterintensiven Frisur- und Garderobenwechsel auch just so aus: wie jemand, den das eigene

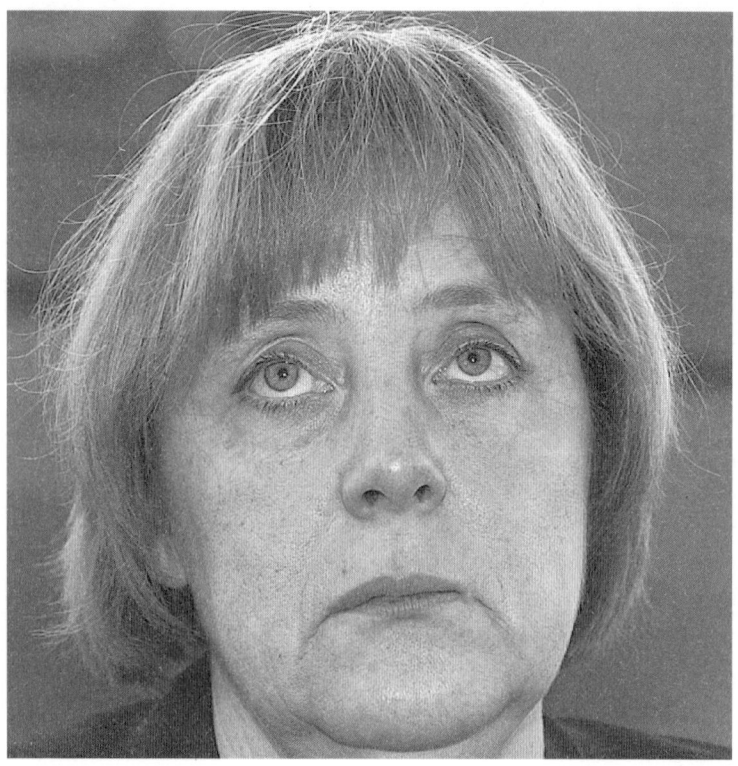

Amt, die eigene Relevanz gekreuzigt oder eben kreuzverdutzt zurücklässt: Vater, warum hast du das getan? Warum in drei Teufels Namen schlugst du mich zur ersten großdeutschen Bundeskanzlerin und laut Quatschzeitung *Forbes* »mächtigsten Frau der Welt«, noch vor Hillary Clinton und Heidi Klumpf?

Bis dahin nämlich, bis zur optischen Neupositionierung 2006 ff litt sie sichtlich, und der senkrechte Sturz ihrer Mundwinkel, der sparsame Glanz ihrer Augen adelten sie, denn die Welt *ist* weder gut noch schön. Wie schrecklich jene Masken, deren manisches Grinsen und falsche Immerbestgelauntheit den Schrecken spiegelnd potenzieren! Und wie anders Merkel die Frühe! Mit Fug hätte man kaum sagen können, dass sie überhaupt aussah; sondern aus ihr lugte wie aus einem Medium die conditio humana als wenn nicht blitzblankes Verhängnis, so doch schärfere Gedrücktheit, ja Sterbensmüdigkeit unterm Druck der Existenz nicht nur drüben in der Sowjetzone, sondern allüberall auf Erden.

Ein Antlitz wie ein Leidenstuch.

»Darf das Kanzler werden?« titelte, in einem scheinbar uncharmanten und doch hellen Augenblick, die Satirezeitschrift *Titanic*, als die Kanzlerkandidatenkür zur Bundestagswahl 2000 noch unentschieden stand zwischen ihr, der verschlossen dämmernden Ostwesenheit, und dem ungleich lärmenderen Bayernbrummerl Stoiber. In einem uncharmanten: Noch diese ganzmimisch gähnende und wie ins tiefste Wachkoma entrückte frühe Merkel war ja allemal bezaubernder als ihre männlichen Förderer und Neider rund um Helmut Kohl. Hell aber war der *Titanic*-Titel, weil ihm schwante, dass diese auf den zweiten Blick denn doch zu hadesschwere Miene einen Abgrund verdeckte, einen so pechschwarzen, dass Merkel selbst bis heute jeden Einblick scheut.

In George Lucas' berühmter Star-Wars-Trilogie ist die verkörperte »Macht« eine Fratze, monströs und grausam, und wer sich ihr verschreibt, löscht in sich alles Gute, gewinnt aber Klarheit: Man weiß, wo man steht. Den Willen zur Macht scheint Merkel mehr als anderes zu besitzen, wenn auch beide, Wille und Merkel, tun als wüssten sie's nicht.

Just dies machte Merkels frühes Image aus: Plötzlich saß da eine Doktorin der Physikalischen Chemie herum, die aus der abgewickelten DDR-Akademie der Wissenschaften, aus den Schwaden und Ruinen eines überrollten Ostens in die Befehlszentren des Westens geplumpst war wie eine saure Spreewaldgurke in eine Staude überreifer Krummbananen; die sie freilich nun, eine nach der anderen, fraß und daran, unterm Jubel der Geschluckten, zunahm an Gewicht und Kraft. Dass sie dort saß, war aber keinesfalls einer Strategie, einem Plan, einer Überlegung gedankt, sondern einem bis dato unbekannten Dritten zwischen Traum und Zufall, Quatsch und Fügung, Schicksal und Versehen – real zwar und handgreiflich, doch vielmehr surreal, abstrus und, vor allem andern, schrecklich sinnlos.

Bis zur Reichsmauernacht 1989 war Angela Merkel ja politisch weder tätig noch im Kleinsten interessiert, sondern brütete über Dissertationen wie dem »Mechanismus von Zerfallsreaktionen mit einfachem Bindungsbruch und Berechnung ihrer Geschwindigkeitskonstanten auf der Grundlage quantenmechanischer und statistischer Methoden«, leistete als »Sekretärin für Agitation und Propaganda« bei der Freien Deutschen Jugend FDJ eine »Kulturarbeit, die mir Spaß machte« (Merkel) und war aber weder in der SED noch einer der sogenannten Blockparteien aktiv. Und in der DDR-Opposition schon gar nicht. Erst als der Westen mit der DDR auch Merkels Akademie der Wissenschaften wegwarf, wurde die Bedrohte ruckzuck EDV-Verwalterin und gleich drauf Chefsachbearbeiterin bei einem »Demokratischen Aufbruch«, den, kaum gegründet, die West-CDU ans Händchen genommen und von allem linken Gut gereinigt hatte. So wurde Merkel, einfach weil sie eh vor Ort gestrandet und woanders grad nix frei war, eine eifrige und sogar überzeugte CDU-Politikerin – warum, wusste niemand und am wenigsten sie selber, die mit diesem Dreh, wie Biographen melden, auch ihre Freunde und tendenziell grünlinken Eltern konsterniert zurückließ.

Und es ging, weil's nun schon begonnen hatte, wie verhext so weiter, prototypisch 1990: Wer bei der letzten DDR-Volkskammerwahl im März mit seinem Demokratischen Aufbau 0,9 Prozent (!) holt, im April dann logischerweise stellvertretende Regierungssprecherin wird und als solche bei den Vereinigungsverhandlungen ihren späteren Vater Helmut »Birne« Kohl begrüßt; wer im August selben Jahres auch formal zur CDU wechselt und tags drauf Ministerialrätin im Bundespresseamt wird (3. Oktober); wer, immer noch Oktober, Direktkandidatin für den ihr komplett unbekannten Bundestagswahlkreis Rügen sein darf, den sie, weil sie dort halt kein Schwein kennt und auch das Wetter mitspielt oder wer, mit 50 v. H. einsackt und darum im Dezember urplötzlich Kohls Bundesministerin für Physikalische Chemie und EDV, pardon: Frauen und Jugend ist: So eine mag schon glauben zu sein, was die deutsche Presslandschaft, auf dass sie was zu loben habe, damals einig in ihr sehen wollte und trotz aller leisen Meckerei bis heute will: eine »Physikerin der Macht«. Wahlweise »Margaret Thatchers Schwester« (*Die Zeit*).

Und fürwahr bärenstark ist die Phalanx der Leichen, mit denen Schwester Angela ihren Aufstieg pflasterte. Degradiert und/oder weggehauen wurden von und unter ihr in dieser Reihenfolge: Klaus Töpfer, Volker Rühe, Helmut Kohl, Wolfgang Schäuble, Friedrich

Merz und Edmund Stoiber und viele unbekannte andere; und nicht nur Kohl hatte seinem vermeintlichen Lieblingsfundstück, wo es ging, geholfen. Er aber so sehr, dass Merkel noch bis 2006 andererseits »Kohls Mädchen« hieß und *Titanic* sie im Oktober 2006 flankierend als das echtere, weil leidgeprüftere Wiener Entführungsopfer Natascha Kampusch enttarnte: »Ich musste Kanzler zu ihm sagen!«

Und so schaukelte das Merkel-Image noch des ersten Kanzlerjahres 2005 zwischen Machtphysikerin und Mädchen recht halt- und lustlos hin und her; was sollte so ein Journalist um Gottes willen auch Trefflicheres schreiben? Sie tat und konnte ja schon damals nichts, initiierte und entschied nichts, in quantenmechanischen Zerfallsreaktionen schien sie hörbar heimischer als in Politik, Soziologie, Ökonomie, Rhetorik, Grammantik, Semantik und, hierin Kohl gewieft beerbend, sinnreicher Sprache überhaupt. Einleuchtend also, dass ihre demoskopische »Beliebtheit« sich zwischen 2003 und den ersten Pleiten nach dem großen Bankenüberfall etwa verhundertfachte und zu jener Zeit elf Zehntel der Deutschen, wurden sie nur blöd genug gefragt, ihre Kanzlerin rundweg »alles richtig« machen sahen, sie, die zwischenzeitlich überhaupt auch »Königin Europas« wurde (*Die Zeit*) – so pathologisch kann Mitleid sein.

Und so unhintergehbar Präsenz. Dass Merkel offenbar nicht wegzutun und also, wo nicht zu begrüßen, zu ertragen sei, ist in Wahrheit die erste ihrer Qualitäten, weit vor der zweiten, ihrer tragischen Verfallenheit an Fußball. Wer sie während der jüngsten EMs und WMs in Japan, Österreich/Schweiz und Deutschland nur einmal im Fernsehen jubeln sah, flehte um sofortiges Ausscheiden der Deutschen, so schmerzend ungelenk und gar irgendwie verkehrtherum schob diese grausame Herrscherin ihr Unterarmpaar in die Höhe und hüpfte erdschwer wie ein krankes Huhn – es war einmalig.

Und wie wenig einmalig ihre sprachlichen Entäußerungen! Seit ihrer Kanzlerschaft präsentierte sie, der Weise Eckhard Henscheid hat's gezählt, »4037mal mit geringfügigsten Varianten« und also fehlerfrei den Satz »Lassen Sie uns unser Land gemeinsam nach vorn bringen«. Gelegentlich wagte sie sich weiter vor und bezauberte dann vollends: »Jeder von uns ist ein Stück weit fassungslos«, nämlich am 11.9. 01 offenbar ein bisschen erschüttert, weil: »Wir müssen unheimlich aufpassen, dass am Schluss nicht Enttäuschungen erwartet werden« (Parteitagsrede 2006); oder später nach den Bombenterrortoten im ägyptischen Dahab, »bei dem unschuldige Menschen aus ihrem Urlaub gerissen wurden« und also vorzeitig heimmussten; und so weiter und so fort. Denkt aber so ein Mädchen? Formuliert so eine Königin und kalte Physikerin der Macht?

Mitnichten. Sondern ein irgendwie baumgroßes Herzchen tief in einer Frau, die einst gut daran tat, »die negativ gestimmten Debatten über ihr Äußeres zu beenden« und damit »die Inhalte ihrer Auftritte wieder in den Vordergund zu rücken« (*Süddeutsche Zeitung*). Auf dass, o süße Dialektik, wir ihren Quark etwa zum laufenden Finanzweltkrieg nun quasi ungeschminkt serviert bekommen: »Ich bin noch nicht so weit, dass ich sage: Mit 250 Milliarden Euro kann man nichts machen.« (14. 12. 11)

Na eben. Und zwei Tage später meldete das Fernsehen, Merkel sei, nach ihrer kleinen Krise wg. FDP-Verschwund und Horstl Seehuber oder wem, endlich wieder die beliebteste Politikerin nicht grad Europas; aber Deutschlands allemal.

GEWINNERIN DES MONATS
MAI 2011: ANGELA MERKEL

Des Maienmonats schlimmste Tat
Verbrach Herr Ahmadinedschad:
Er ließ Frau Merkel warten
Vorm Luftraum über dem Iran.

Wenn so was Schule macht, ja dann:
Dann hamwer schlechte Karten.
Dann könnte sein, die Frau büßt ein
Die Lust am Fliegen allgemein.
Dann wird das Böse siegen!

Denn weilt sie stets im Vaterland,
Dann raubt sie ihm den Restverstand.
Weltherrscher! Lasst sie fliegen!

Wer ist der längste, beste, schrecklichste?
DEUTSCHE KANZLER MITEINANDER

Weil es scheint, sie könne wahrhaft fliegen mit ihrem lichten, leichten Wesen: Wird Angela Merkel schließlich gar Kohl überflügeln? In seiner Würdigung des beliebten Altkanzlers (82) schrieb der damalige *Spiegel*-Herausgeber Rudolf Augstein im Jahre 1998: »Ende Oktober wird Kohl länger an der Spitze sein als irgendein anderer parlamentarischer Kanzler der Deutschen, Konrad Adenauer eingeschlossen, der 1963 nach 14 Amtsjahren und 31 Tagen nicht ganz freiwillig ging.« Sechzehn Jahre war der irre Pfälzer an der Macht,

Von links oben nach rechts unten:
Rainald von Dassel, Friedrich Ebert, Otto Eduard Leopold Fürst von Bismarck-
Schönhausen, Philipp Scheidemann, Clemens Wenzel Lothar Nepomuk Fürst von
Metternich, Konrad Adenauer, Ludwig Erhard, Kurt-Georg Kiesinger, Gustav
Bauer (o. B.), Hermann Müller, Heinrich Brüning, Leo von Caprivi, Chlodwig
Fürst zu Hohenlohe-Schillingsfürst (o. B.), Bernhard Heinrich Martin Karl von
Bülow (o. B.), Theobald von Bethmann Hollweg, Prinz Max von Baden, Franz von
Papen, Kurt von Schleicher (o. B.), Willy Brandt, Helmut Schmidt, Adolf Hitler

und hätte er 1998 seine fünfte Wahl gewonnen, wäre er sogar am ersten Einiger des Deutschen Reiches Otto Fürst von Bismarck vorbeigezogen, dessen Kanzlerschaft von 1871 bis 1890 währte. »Demission impossible«, hoffte die Satirezeitschrift *Titanic* in jauchzender Verbundenheit, Hommage an ein anfänglich unterschätztes, am Ende glühend heiß verehrtes Phänomen H. Kohl. Mit Verve und sichtlichem Vergnügen wurde er, denn die korrupte Pfeife Bismarck zählt nicht, zum bisher längsten Kanzler aller Deutschen!

Doch kann er's, trotz der hochbegabten Merkel, bleiben? Und wer war eigentlich der kürzeste? Der dickste, reizend windigste und schlimmste? Wer war ein bißchen andersrum, Privatbuddhist und/oder litt an Hühneraugen? Fragen über Fragen!

Vor der Antwort schnell noch das: Es geht hier nur um deutsche Kanzler; ausgeblendet bleiben Könige und Fürsten, Hunnenführer und Barone, Gegenkaiser, Imker, Grafen, Schattenkönige und Päpste, Dorfvorsteher, Hausmeier und Trainer. Diese glibberige Saubrut fällt ganz weg.

Deutsche Kanzler: Das ist nämlich ein durchaus feiner und auch ganz spezieller Saft und Leckerbissen. Es begann vor runden 1000 Jahren mit dem allerschwersten, einem römischdeutschen Schussel und Reichskanzler namens Rainald von Dassel (1156–67). Scharf trat dieser herrlich heuchlerische Fickfrosch dem päpstlichen Begehr auf Vorrang vor dem Kaisertum entgegen und war selbstredend bereits Kölner Erzbischof, bevor (!) man ihn zum Priester weihte: eine erste gottverdammte Heidenschweinerei, die hoffen ließ. Immerhin wog unser fett bepelzter Auerochs drei Tonnen und bestand, vgl. Abb., aus Gold.

Freilich: Der nach Ludwig Erhard schimmeligste Knallsack des Jahrtausends quetschte sich mit Friedrich Ebert (9. 11. 1918–11. 2. 1919) auf die Kanzlercouch, ein brutaler Mann mit, glaubt man Rosa Luxemburg, gleich eimerweise Charme und »Tabak« in der Hose. Doch kommen wir zum leckersten. Es war, man muss nicht lange raten, die oben vorerwähnte souveräne Drecksack Fürst Otto Eduard Leopold von Bismarck-Schönhausen; 1864 vernichtete er Dänemark, '66 Österreich, '70/71 den Franzos, und späterhin erfand er jenen weltberühmten Fisch, der so elegant im Halse steckenbleibt: den Bismarck-Hering. Dochdoch, so war das! Den kürzesten hingegen hatte Philipp Scheidemann (Februar–Juni 1919); bzw. eben gar keinen. Tja. Daher der Name. Scheide-Mann. Was es nicht alles gibt.

Die deutlich sonnenschönste Adelskrabbe noch vor Thurn und Taxis hieß Clemens Wenzel Lothar Nepomuk Fürst von Metternich, numerischer Jahrtausendamtszeitspitzenreiter und neiderregend widerliche Wiener Tuntenüberzüchtung. Er fungierte als Haus-, Hof- und Staatskanzler des Deutschen Bundes (1821–1848), litt an nass eiternder Halskrausenallergie und war bei Gott eine verkrüppelte Turbosau zum Reinscheißen (79 Kilo). Um Längen widerlicher, aber insgesamt der leichteste war zweifellos ein wackeliger Kölner namens Konrad Adenauer (1949–1963). Schon beim heimatlichen Karneval hatte er die Schweineprinzenprüfung mit Bravour bestanden, mit 107 lieferte er Westdeutschland der Nato aus. Bei seinem viel zu frühen Tode war er 189 Jahre alt und wog kaum mehr

Der längste ist er ja noch längst nicht: Alt-Bundeskunzel Dr. Helmut Kohl

als sieben Gramm. Der nach ihm folgende dickste war auch gleich der schrecklichste: Ludwig Erhard (1963–1966), ein vorbildlich ekelhaftes Tönnchen mit gleich haufenweise Kanzlerschinken im Gesicht, mähte furzbesoffen seine Olle um, kam frei und verfälschte die Zinslehre. Seinerseits enthauptet wurde der agile Topsadist vom schnellsten: Kurt-Georg Kiesinger (1966–1969), dessen modische Erscheinung und erquicklich vor sich hin faulende Säufernase bis heute Richtschnur sind – unvergessen Georgs Hakenkreuztattoos in der Rosette. Die hundert Meter konnte er in 7,5 Sekunden laufen; leider hat der Sack es nie getan.

Anders das legerste Crackschwein: Gustav Bauer (Juni 1919– März 1920), ein etwas zu piekfeiner Goethefreund und Menschenhändler, kam zwar erst recht spät in Form: erschoss mit sieben Jahren seine Eltern, fraß sie auf und ging dann in die Politik. Dort aber mauserte die Sau sich zum zusätzlich teuersten: Er unterzeichnete den als Versailler Schandvertrag bekannten Schandvertrag, und der sündhaft teure Zweite Weltkrieg musste kommen.

Um den Platz des nach Schuft Bismarck Zweitleckersten stritten sich wohl eine Weile Hermann Müller (1920; 1928–30) und Heinrich »KZ«-Brüning (1930–1932), zwei bumsfidele Bollersäcke mit Stil und Savoir vivre; Stichwort »Müllermilch« und »Brünings Babynahrung«. An dem vollgiftigen Brei verreckten kaum zehntausend Babys – der Massenmörder Müller hat gewonnen.

Die Geilsten, sagt der Volksmund, tragen lange Namen. Leo von Caprivi (1890–1894), Chlodwig Fürst zu Hohenlohe-Schillingsfürst (1894–1900), Bernhard Heinrich Martin Karl von Bülow (1900–1909), Theobald von Bethmann Hollweg (1909–1917) sowie Prinz Max von Baden (3. 10. 1918–9. 11. 1918): neun bis elf erfrischend knackige, allesamt eiskalte Fememörder, die vor Opfern, Fans und Paparazzi sich kaum retten konnten. Unter ihrer Herrschaft wurde Helgoland gesprengt, das Wetter war ganz furchtbar. Vor allem Bernhard Heinrich Martin Karl von Bülow verkörperte eine denkbar mitleidlose Viererbande und, kein Wunder, konnte am längsten im Amt bleiben.

Indes: Die faszinierendsten Hallodris stellten die umständlichsten. Sie bestanden aus dem effizienten Killer Franz von Papen (Juni–November 1932) und einem im Alter leider krankhaft skrupelhaften Folterspezialisten Kurt von Schleicher (3.12. 32–28.1. 33). Da konnte unser Fiesester nicht mithalten: Willy Brandt (1969–74) zeugte noch in hohem Alter eine kolossale Witwe; aber das war's dann auch.

Die aufregendste? Na sowieso die elbufergebräunte Horrorpfeife und Gebissdiva Helmut Schmidt! Weit vor dem vorbildlich dauerrotzbesoffenen Russengasableser und Arbeitslosentreter Schröder.

Und Kohl? Was blieb ihm über? Was hatte der leidlich pummelige Hobby-Intrigant und lachhaft miserable Schürzenjäger in diesem grandiosen Stinkmisthaufen eigentlich verloren? Beinahe nichts. Kohls 1996 gekauftes Ehrendoktorhütchen gilt bis heute als todchic, und spätestens nach seinem Auftritt bei Alfred Biolek durfte er als durchschnittlich irrer Quasselkopf gelten. Dies aber eben ist es: Kohl dünkte in allem mittel, mau, ganz ohne Eigenschaften und Gesicht. Und zum längsten, Rudolf Augstein hatte keine Ahnung, konnte er es eh nicht bringen: Adolf Hitler (1933–1945) nämlich, Barbar von Gottes Gnaden, hielt zwar nur zwölf Jahre, aaaber: In der postmodernen Kanzlerforschung gilt ein Kriegsjahr heute unbestritten als zehn Friedensjahre; damit kommt der gewählte Führerkanzler auf 6 mal 10 plus 6 = 66 Jahre! Jawohl, Hitler ist der längste – und damit der einzig wahre Kanzler aller Deutschen. Wer hätte das gedacht? Merkel braucht einen neuen Krieg!

Und nicht so einen verdruckten Mix aus Weglaufen und Zivilistenmobbing wie im deutschen Hindukusch; und so eine feige Enthaltung wie beim aufmüpfigen Araber schon gar nicht! Sondern einen mindestens elfjährigen ordentlichen Angriffskrieg gegen beispielsweise Griechenland, Island und all die anderen exsouveränen Staaten, die statt Löhnen Schuldzinsen an die Deutsche Bank zahlen müssen, dies aber weder können noch aus tiefstem Herzen wollen.

Auf in den Kampf!

GEWINNERIN DES MONATS DEZEMBER 2011:
SILVANA KOCH-MEHRIN

Was, mit Verlaub und bitte sehr,
Soll dieser Quatsch? Das Hin und Her?
Die Wählerschaft beklagt sich!
Erwischt, befördert, stopp, Roulett,
Zack, neuer Schreibtisch, Kohle fett –

Nun klagst auch Du. Man fragt sich:
Der schnöde Brüssel-Ausschuss-Mist,
Wo Du doch selber Ausschuss bist:
Warum nicht gleich aufs Ganze?

Du bist doch Silva Dings-Mehrin!
Was hältst'n so von Königin?
Das kannst Du nicht? Doch, kannze.

BAHAMAS GEGEN AAB (AA/BO)

Was tut man, wenn man allein in der Kneipe des Oberhausener Kultur- und Veranstaltungszentrums »Druckluft« herumsitzt, das Bier bestellt, die wändefüllenden Plakate und Graffitiwürste weggeguckt hat und also Langeweile droht? Man greift zu einem jener zahlreich herumflatternden Heftchen voller lokaler Kino-, CD-, Buch- und Konzerttips, wie sie in vielen Kneipen zu haben sind, schlägt die erste Seite auf, wird von einer grobgerasterten Schwarzweißwiedergabe einer amerikanischen Fernstraßensteppe irritiert, entziffert die ins Bild gerückte Überschrift »Statt eines Vorworts – Aufruf zum Innehalten«, fragt sich durstig, seit wann ausgerechnet Road-Movies zum An- und Innehalten auffordern, denkt sich immer noch nichts Böses, nimmt das erste große Bier entgegen und liest dann schnurstracks los:

»Das Ex macht dicht – und keine/r geht hin. Um eine Szeneprügelei zu vermeiden, und weil nicht alle Teile des Ex-Plenums einer weiteren Eskalation zustimmen wollten (siehe Erklärung des EX), fiel die EX-Abschlussparty aus. In der vorvorigen Woche hat die sogenannte Vergewaltigungsdebatte damit erneut eine Steigerung der Auseinandersetzung erfahren, die wir nicht für möglich gehalten haben. Für uns ist ein Punkt erreicht, an dem wir so nicht weitermachen wollen.«

Ganz anders ich, der Leser, der sich zwar nicht, wie erhofft, in ein amerikanisches Road-Movie versetzt sieht, aber einen leicht außerirdisch anmutenden Streifen allemal. Also prost und weiterlesen:

»Wir als (eine) Interim-Redaktion sind nicht länger bereit, diese Form der Auseinandersetzung mitzutragen. Diese Form heißt: dass Linke mit Fäusten (und, wie zur EX-Party angekündigt, Knüppeln) aufeinander losgehen. Dass Frauen als ›Votzen‹ beschimpft werden (wahlweise wie jeweils gefallen als Bahamas-, AAB- oder autonome ›Votzen‹). Dass Antifas in bester konservativ-diffamierender Manier als ›Meute‹ und ›schwachsinnig‹ bezeichnet werden und Flugblätter gefälscht werden. Dass Leute auf Diskussionsveranstaltungen mit Mundschutz und Schlägerhandschuhen kommen. Oder dass Gruppen, die

nicht aus Berlin stammen, aus Organisationen, die nicht aus Berlin stammen, ausgeschlossen werden, weil unterschiedliche Standpunkte zu dem Konflikt existieren.«

Um einen richtigen Film geht's also beileibe nicht. Eher deucht man sich im völlig falschen. Aber welchem?

»Wie Ihr vielleicht mitbekommen habt« – ich nicht, doch wird man mir's gewiss erklären –, *»existieren auch in der Interim-Redaktion sehr unterschiedliche Positionen zu dem Konflikt: Von der Aufforderung an die Frauen und Lesben, ihre Aktion genauer zu begründen, und Zweifeln an dem richtigen Zeitpunkt des Angriffs (Nr. 482) über eine Kritik an dem Kneipenüberfall (Nr. 483) über eine Monate dauernde Zensur des Debattenbeitrags ›Let's take a walk on the wilde side‹ sowie der Nichtveröffentlichung eines aktuellen Textes einiger Autonomer (Nr. 518), den andere Gruppen aber unbedingt veröffentlicht sehen wollten.«*

Aha. So also. Aber wie eigentlich? Weder ist mir der in Nr. 518 nichtveröffentlichte Text sonders geläufig, noch saß ich in den Tagen nach Vertrieb der Nummern 482/83 im »Druckluft« herum. Wenn ich ehrlich bin: nicht mal in Oberhausen! Apropos Oberhausen: Geht's hier überhaupt um Oberhausen? »Gruppen, die nicht aus Berlin stammen« wurden ausgeschlossen »aus Organisationen, die nicht aus Berlin stammen« – aber woher stammen sie denn? Aus Lübeck? Australien? Bagdad? Was beim Zeus sucht dieses Heft im Oberhausener »Druckluft«? Gleich werd ich's wissen.

»Ein Blick zurück.« Wer sagt's denn! Nach zweieinhalb Seiten, einer Million Bytes und einem großen Bier: *»Ein Blick zurück: Einmal angenommen, ihr säßet in Plauen oder Lemgo in einer Kneipe«* – gilt auch Oberhausen? Nein? Schade. – *»und solltet einer kritischen Gewerkschafterin erklären«* – geht auch eine brünette Kellnerin? Nein? Schade –, *»womit sich die linksradikale Szene Berlins gerade so beschäftigt.«*

Die Katze ist aus dem Sack: Ich lese einen Berliner linksradikalen Text! Aber warum um Himmels willen hab ich's nicht geahnt? Ein EX macht dicht, eine Szene kommt mit Mundschutz und Knüppeln, Abschlußparty fällt aus, Vergewaltungsdebatte, diverse AAB-

und Karibik- oder jedenfalls Bahamasvotzen, Kneipenüberfall von Frauen bis hin zu Lesben, schwachsinnige Meute, Nichtveröffentlichung eines Textes in Nr. 518 – was, wenn nicht sowas, greift dem Schweinesystem von innerhalb der Metropole an die Eier? Apropos Eier: Kellnerin, bitte ein Omelett und ein kleines Bier!

»*Und angenommen, ihr solltet erklären, warum das Bündnis gegen Rechts aus Leipzig deshalb aus dem bundesweiten Antifatreffen ausgeschlossen wurde – wäre die Antwort dann, weil im Dezember des vorangegangenen Jahres in einem Berliner Bezirk ein Mann eine Frau vergewaltigt hat?*«

Nach meinem aktuellen Kenntnisstand: ohne weiteres.

»*Und hättet ihr auf die Frage, wie und warum die Fronten so verlaufen, eine befriedigende Antwort? ›Die Schwierigkeit damit umzugehen beginnt allerdings schon bei dem Versuch, anderen mitzuteilen, wer hier und heute eigentlich mit wem über was genau streitet‹, schreibt Sven Glückspilz in der letzten Interim.*«

Ein Glückspilz, dieser Glückspilz! Freilich auch ein Ignorant. Schließlich begann die Debatte schon in grauer Vorzeit: »*Die Debatte begann in grauer Vorzeit mit einem Vergewaltigungsvorwurf gegen einen Mann aus der AAB.*« Ausgebeutete ArBeiter? Allergische AushilfsBauern? Man wird's erfahren: »*Im Dezember habe Florian J. eine Frau aus Friedrichshain vergewaltigt. Im darauffolgenden März wurde ein bis dahin von den Friedrichshainer Frauen in Umlauf gebrachtes Flugblatt schließlich in der Interim veröffentlicht. Zuerst weitete sich der Vorwurf gegen Florian J. auf seine Gruppe, die AAB, aus. Schließlich rückte die AA/BO in die Diskussion, dann Gruppen, die mit der AAB und der AA/BO zusammenarbeiten. In einem Seitenstrang wurden dann massive Vorwürfe gegen Franz und Mandy Meiser und deren Papier ›Let's take a walk on the wilde side‹ erhoben. Dann spielten noch Vorwürfe sexistischen Verhaltens zweier Männer in der Köpi in Berlin und in der Antifa-Szene in Dresden eine Rolle, wenngleich dies nur ein Nebenaspekt war.*«

Ich Glückspilz! Aber wo steckt der Hauptaspekt? Und apropos Glück: Das Omelett ist der Hammer.

»*Die Fraktionen: Die Friedrichshainer Frauen. Sie werden von uns*

der Einfachheit halber so genannt, weil sie im Szene-Tratsch so bezeich-
net werden, obwohl wir wissen, dass der Zusammenhang« – ein Zusammenhang! ein Königreich für einen Zusammenhang! – *»nicht*
homogen ist und es auch für Frauen keine Verpflichtung gibt, in Fried-
richshain zu wohnen.« Bei Gott nicht. Ich weiß eine, die kellnert
in Oberhausen. *»Darunter ist etwa die ›Schlagt-die-Sexisten-wo-Ihr-*
sie-trefft-GmbH‹ gefasst sowie Teile derjenigen, die an letztem Weih-
nachten eine Frau aus dem Umfeld der AAB aus dem EX geschmissen
haben. Die Frauen und Lesben haben, nachdem der Fall öffentlich be-
kannt war, in drei Intervallen die Eskalation vorangetrieben: Im Spät-
sommer, als die GmbH die linke Kneipe Schnarup Thumby überfiel,
dann im Herbst, als sie die Bahamas-Veranstaltung angriff, und zum
Jahresende, als sie durchgesetzt haben, dass einige Personen aus dem
Umfeld der AAB Hausverbot im EX erhalten.«
    Soweit der Komplex Friedrichshainer Frauen/Schnarup Thumby.
Und die AWO oder, sei's drum, AAB?
    »Die AAB hat sich nur sehr ungerne und unter Druck mit der Ver-
gewaltigung eines ihrer Mitglieder auseinandergesetzt. Im März er-
schien eine dürre Stellungnahme, in der im wesentlichen die Grup-
penmitgliedschaft von Florian J. dementiert wird. Eine inhaltliche
Positionierung fand unter dem Titel ›Neue Sachlichkeit‹ erst ein Jahr
nach Erscheinen des Flugblatts statt. Schlimm macht diesen Text, was
nicht drin steht: Die AAB reflektiert beispielsweise nicht kritisch, dass
Florian im Schnarup Thumby bei ihrem Kneipenabend auflief – mit-
ten in Friedrichshain, wo die Gefahr groß war, dass seine Ex-Freundin
ihm begegnet!«
    Na eben! Da geht ein (vermeintlicher?) AABler ausgerechnet an
einem und gar *ihrem* Kneipenabend ausgerechnet ins Schnarup
Thumby, obwohl er damit rechnen muss, dass seine Ex-Friedrichs-
hainer Frau, die zwar so heißt, doch nicht verpflichtet ist, dort zu
wohnen –
    »All das hat mit nachvollziehbaren Kriterien von Politik nur noch
wenig zu tun. Wie verschwommen die Kriterien sind, zeigt auch die
Wiedergabe. Lange hielt sich die Mär, die StörerInnen hätten fried-
lich gepfiffen (okay, auch ein paar Kabel rausgerissen), seien aber dann

brutal angegriffen und geschlagen worden. Mittlerweile haben einzelne StörerInnen ehrlicherweise zugegeben, zuerst getreten und geschlagen zu haben, bevor sie getreten und geschlagen wurden (dass AAB'lern in die Eier getreten wurde, bestätigte freundlicherweise selbst die ›Feministische FrauenLesbenListe‹ in dem besagten FU-Flugblatt.«

Und so stellt sich bereits kurz vor Schluss die Frage, ob nach all diesem harsch und scharf geführten Grunddiskurs und Eiertreten zwischen AAB, AA/BO und der »Friedrichshainer« FU-FrauenLesben-Liste die Herrschenden denn überhaupt an der Macht bleiben können? Mithin das deutsche imperialistische Finanzkapital samt militärisch-industriellem Komplex und Krupp und Patriarchat in Form von letztendlich – Florian J. (AAB?)? Ein klares Nö:

»Der Konflikt hat mittlerweile über einen lokalen Kiezkrieg hinaus zu einem Eklat mit bundesweiten Konsequenzen geführt. Neben den beiden Gruppen, die aus der AA/BO ausgetreten sind, weil sie dieses Verhalten nicht mittragen wollten (Antifa Plenum Braunschweig, Rote Antifaschistische Initiative Berlin), haben mehrere Gruppen der AAB die Zusammenarbeit aufgekündigt. Etwa die Antifa Saar aus dem Saarland oder die Berliner Gruppe Antifa Rote Dornen und Antifaschistische Gruppe im Prenzlauer Berg. Allerdings macht der Konflikt auch vor dem bundesweiten Antifa-Treffen BAT nicht halt. Zuerst wurde die Rote Antifaschistische Aktion Leipzig aus dem BAT ausgeschlossen, dann auch das Leipziger Bündnis gegen Rechts, das sich differenziert zur AAB geäußert hatte. Damit hat ein Vergewaltigungsfall in Friedrichshain dazu geführt, dass Gruppen aus Leipzig, Hamburg oder Köln nicht mehr zusammen in einem Bündnis sitzen und über Strategien gegen Nazis diskutieren.«

Über was?

Strategien.

Gegen wen?

Gegen Nazis.

»Kellnerin, bitte noch mal zwei! Und würden Sie mir endlich das Heft aus der Hand nehmen? – Danke. Nun schlagen Sie bitte eine beliebige Stelle auf und lesen Sie vor!«

»Kost' aber extra.«

»Weil Sie's sind.«

»»*Ausgerechnet am Heiligen Abend im EX, dem Fest des Friedens, nutzte die Frauen/Lesben-Gruppe die Gelegenheit, ihre im handgreiflichen politischen Tageskampf außerordentlich flexibel gehandhabte ›Täterschutz‹-Definition nun im Sinn der Sippenhaft auszugestalten: Eine als Freundin eines AAB-Mitglieds entdeckte Antifaschistin wurde von ihnen unter den Augen aller anderen BesucherInnen an den Haaren aus der Kneipe gezerrt.‹* – Aua! Wo hamsen dat her?«

»Lag hier so rum. Eine linksradikale Gruppenarbeit betreffs und gegen Florian J. (AAB Berlin), dem die FriedrichshainerIn als solche vorwirft, ausgerechnet am Kneipenabend des Schnarup Thumby seine in EX-Kreisen verkehrende, man möchte meinen: logischerweise in EX-Kreisen verkehrende Ex-Freundin vergewaltigt zu haben, woraufhin die antisexistische FU-FrauenLesben-GmbH mittels Kabelziehen, Haarereißen und logischerweise Eiertreten gegen knüppelschwingende und mundschutzbewehrte AntifaschistInnen vorging, angespornt wohl auch vom Skandal um den herrschaftskritischen Seitenstrang Franz & Andy Meiser/Köpi Berlin/Antifa Dresden und …«

»Ach Gott, diese Umstürzler. Wissen auch nich', wohin mit ihrem Talent.«

HEISS GEDUSCHT UND KALT GEGEISSELT

Die an Geist und Seele Kranken werden täglich mehr. Bei Plus und Aldi schwätzen sie mit Bohnendosen, schreiten Wundersames rezitierend durch die Kaufhausstraßen oder friemeln Dokumente ihres Niedergangs in meinen Briefschlitz. Wessen Birne sich noch halbwegs in der Fassung wähnt, pflegt solcherlei Erloschene zu meiden; schließlich ist die eigene Intaktheit sehr fragil. Trotzdem schmiss ich neulich ein im Briefkasten gefundenes Privatblatt nicht schaudernd in die blaue Tonne, sondern las:

»JÜNGSTES GERICHT ZEICHEN VON GOTT DER MESSIAS KOMMT SCHWARZE ZEIT ZUG RAST IN DIE HÖLLE WIR HABEN DEN WELTUNTERGANG UND SCHON LÄNGST DEN 3. WELTKRIEG ENDLÖSUNG das bedeutet 3./4./5. Weltkrieg. Wir haben sechs Weltkriege auf einmal. Im Paradies ist auch Krieg. Wer jetzt nicht ins Paradies geht, marschiert in die Hölle. BRANDHEISS GEDUSCHT, EISKALT GEGEISSELT und vieles mehr.«

Aus der Bahn, gewiss, aber bis hierher nicht sehr originell, ein billiger Knall von der Stange. Weise aber sind Allahs Fügungen und erleuchtet die verschlungenen Pfade so manch eines Esels – Beweis: Kaum hatte ich, gegen jede Gewohnheit, die Lektüre fortgesetzt, belohnte mich der Schöpfer mit diesem hier:

»DAS MASS ALLER DINGE IST ZEICHEN VON GOTT. Es werden Leute gesucht, die das Brandenburger Nazitor in Berlin sofort abreißen. Adresse: Eberhard Schlamgub, 67551 Worms. Spendenkonto zur Vernichtung des Brandenburger Nazitores: Postfach 1946/67509 Worms, Kennwort Prophet. Deutschland hat mit der Nazischweinepest die ganze Welt versaut. Wenn das Nazitor nicht abgerissen wird, darf die ganze Welt beim Adolf Hitler brutzeln gehen. Der Einheitsteufel Helmut Kohl hat die ganze Menschheit ans Nazitor gelockt und damit Milliarden Menschen in die Hölle gebracht. Die Siegesparty der BRD und DDR am Berliner Nazitor hat Gott zum Teufel gemacht, das bedeutet 3./4./5. Weltkrieg.«

Viel wurde nach dem Ende des Faschismus über Deutschland

und seine Eliten geschrieben, und doch nie so – klar. So erfrischend, rundum evident und strahlend wahr und schön wie hier. Von Eberhard Schlamgub aus Worms. Braucht also Wahrheit die Meise? Gebiert nur der Vollhau Letztgültiges?

»Helmut Kohl war die DICKE FETTE SCHLANGE Schlange am verbotenen Apfelbaum (Nazitor), samt seinen Komplizen Clinton und seiner Hillary (ADAM UND EVA)«

– niemals war die »Tagesschau« so nahe dran. Von Günter Grass und Wulff zu schweigen! Sogar Sloterdijk und Habermas sehen ab sofort grunzdumm aus.

»Das NAZIDEUTSCHLAND hat sich wiedervereinigt. Der Natter und die Schlatter, die Weihnachtsgans und der Osterhase.«

Man möchte weinen vor Rührung und schlattern vor Glück.

»Damit ist die BRD und die DDR ein Triumph des Teufels, 3. Reich in Vollendung, DIE TAUSENDJÄHRIGEN BEKLOPPTEN!!«

Bei Neptun, wie richtig! Wenn Sie mich fragen: Schlamgub for King! Zu gerne würd' ich nämlich noch erleben, wo er dann sein Hauptschloss hintut. Zwei Orte fallen leider schon mal aus:

»Ludwigshafen und Mannheim ist von Gott zu Sodom und Gommora erklärt worden, zur Saustadt aller Saustädte, das gleiche gilt aber auch für die ganze Welt.«

Mit Ausnahme freilich, hier hat der Meister einmal schlampig überlegt, Wormsens. Denn eine Stadt, die diesen Geist gebar, soll Sitz des Königs werden!

GEWINNER DES MONATS
AUGUST 2010: THILO SARRAZIN

Hier leiden deutsches Geld und Blut:
Hier sehn sich Oberfeger
Umzingelt von der Minderbrut
Der Muslim-Juden-Neger.

Im Bundesvorstand einer Bank
Saß dieser deutsche Meister.
Sein Antlitz wirkt wie seelisch krank.
Der Grund: Er sieht die Geister
Und scheißt vom Arsch zum Boden hin
Die gülleklarsten Worte.

So sieht es aus in Sarrazin,
Dem schönsten deutschen Orte.

VOR EINIGEN JAHREN, GISELA VON HINTEN,

gründeten Sie in Ravensburg die »Praxis für Partner- und Sexualberatung Gisela von Hinten«, und das war schon damals prima. Nun aber schrieb die Zeitschrift *Eltern* zum Thema Vaginismus: »Ziel einer Therapie sei, dass die Frau die Wahl habe, wie sie mit ihrem Partner sexuell zusammensein möchte, sagt Gisela von Hinten.«

Mit Verlaub, das ist schon wieder lustig. Und wenn Sie jetzt noch mit der gleichfalls lustigen Redakteurin der Wochenzeitung *Freitag* Renate Rammelt – vielleicht gemeinsam einen Text schreiben könnten? Um endlich jene spitzenmäßige Autorinnenzeile in die Welt zu hieven, die da lautet: »Renate Rammelt/Gisela von Hinten«?

Bittebitte, nur einmal!

UND KAUM, LIEBER GOTT,

würdigt der Mensch Deine betreffs Beruf und Namen so kohärente Ravensburger Sexualberaterin Gisela von Hinten und dankt für diesen feinen Schöpfungsscherz, veröffentlichen die *Kieler Nachrichten* folgende Todesanzeige:

»Jesus spricht: Heute noch wirst Du mit mir im Paradiese sein (Lukas 23, 43). Heute nahm Gott, der Schöpfer, Richter und Erlöser, unsere liebe Mutter Elisabeth von Hinten« ... –

und so weiter; Du gibst und nimmst halt, wie es Dir gefällt, und wer derart Humor beweist, der möge den gerechten Lohn einstreichen; aber ginge es eventuell auch eine Spur diskreter? Nein?

Doch.

IM CHEMNITZER BAHNHOF

Gibt es einen Gott? Jo. Aber wie beweist man's? Wie überzeugt man die Nörgler? Die Desinteressierten und eher pantheistisch Halbseidenen? Denn Hand aufs Herz: Alle Gottesbeweise haben es ja nicht und nicht gepackt, die Frage aller Fragen zu klären: Wenn es einen Gott gibt, warum lässt er all das zu? All die Dings, die Kriege, Hungerwirren und verlorenen Elfmeterschießen? Müsste ein human erzogener Gott nicht …?

Nein, müsste er nicht. Denn wahrlich, der Heiland hat genug am Hals. Gott ist kein Gott des Verhinderns, er ist ein Gott des Machens. Des Schöpfens. Er heißt ja doch wie? Schöpfer! Gott schöpft. Tagaus, tagein sitzt er vor jenem legendären Bottich, in dem die Fakten, Lebewesen und Geschehnisse der Gegenwart, Vergangenheit und Zukunft wie in einem Großküchentopf vor sich hingaren, und wenn was Gutes oder wenigstens so Mitteles an die Oberfläche schwappt, greift der Heiland ratzfatz eine Kelle und – schwups! – schöpft.

Was hat er nicht alles geschöpft, ERschöpft, ERschaffen! Vor einiger Zeit musste ich im Chemnitzer Hauptbahnhof austreten, und ein Bürger stand vor der Eingangstür und fragte: »Groß oder Klein?« Denn speziell in diesem Fall hat unser Heiland folgende Vision verwirklicht: »Klein« kostet nichts, aber »Groß« (50 Cent) schon, und weil der Bottich halt bezüglich Chemnitz die andernorts geläufigen Geldraubautomaten bis dato nicht geneigt war hochzukochen, hat Gott jemanden abgestellt, der fragt, ob man jetzt aktuell aufs Urinieren oder Scheißen aus sei, der Gast gibt Auskunft, fertig.

Natürlich könnte man nun nörgeln: Was ist das für ein Gott, wenn er zum Teil vielleicht nicht haarscharf unterscheiden kann zwischen erfüllenden und, weil jeder Kalauer in die Existenz erlöst sein will, entleerenden Lebensführungen? Zwischen beglückenden Tätigkeiten und Verrichtungen, die einen Keim der Ödnis in sich tragen? Bei einem Durchlauf von nur zweihundert Gästen täglich und vierzig Arbeitsjahren fragt dieser Mann 1,6 Millionen Mal »Groß oder klein?« und geht in Rente. Ein Gottesbeweis?

Ja! Und im feinen Frankfurter Holzhausenschlösschen gibt es einen Raum, bestückt mit Artikeln, die, um es blöd stelzig auszudrücken, in toto et summa summarum ein WC konstituieren: Schüssel, Spülstein, Wasserhähne, Kacheln. Auf den Kacheln liegt nix als Toilettenpapier und fein gefaltene Handtücher; der Herrgott aber sah ein, dass über die Handtücher ein Schild musste mit der Aufschrift: »Bitte werfen Sie nur Toilettenpapier in die Toilette!« Gäbe es das Schild nicht, würden ohne Zweifel auch alle Handtücher in die Schüssel gepfeffert, von dort in die Umwelt gelangen, Fische würden umwickelt, ihre Navigation nähme Schaden, sie würden blind gegen Flußufer bumsen und letztendlich Deiche aushöhlen, und beim nächsten Dauerregen schrie der kleine Otto Endverbraucher einmal mehr »Landunter!« Hosianna! Das Schild war der Heiland! Gott ist in den kleinsten Dingen! Und wenn er in den kleinsten Dingen ist, dann – dann? Dann gibt es ihn, hurra!

Nanu, wer hätte das gedacht:

Gott lässt sich doch beweisen.

Drum sollt ihr mich, der es vollbracht,

stets lieben und lobpreisen.

Kaum zu glauben: Seit zwei Jahrtausenden begleitet das Frankfurter Satiremagazin Titanic *die Deutschen auf ihrem Weg durch die Epochen, deckt auf, klagt an, geißelt Missstände, erhöht den Ladenpreis. Wer zurückblickt, sieht hier und da Unentschuldbares, ja Widerwärtiges. Sieht aber ansonsten nix als Sternstunden der Satire, Spitzenwitze und Titelbilder der Extraklasse. Das glauben Sie nicht? Doch, glauben Sie doch:*

Chronisten schreiben den 25.11.1 v. Chr., da schlägt sie wie ein Blitz ins dunkle Germanien: die allererste *Titanic*! Gemeißelt in einer Auflage von 45 Steintafeln, karren fahrende Händler sie von einer kleinen Frankensiedlung am Main direkt in die umliegenden Moore und Sümpfe. Leider stößt das von Johannes Traxleroderich* gemeißelte Titelbild auf breite Ablehnung: Gerade vier Heiden finden die bevorstehende Christianisierung lustig. Einnahmen trotzdem: 2 Karnickel, 6 Eier zzgl. 1 Leberwurst für eine halbseitige Werbeanzeige.

Geradezu prophetisch: das Aprilheft aus dem Jahr 33 n.Chr. Mit
beißendem Spott überschüttet es den damals sehr populären Allein-
unterhalter Jesus C., der sich auch als »Auserwählter«, »Sohn Gottes« oder »Märtyrer« bezeichnet. Ausnahmsweise ist es diesmal der
Heiland, der zuletzt lacht: Kurz nach Erscheinen des Hefts ersteht
er tatsächlich wieder auf, das »Informationszentrum Holzkreuz«
verklagt ihn wegen Missbrauchs eingetragener Markenzeichen, auch
Titanic muss 20 Goldstücke zahlen.

Pünktlich zum ersten Halbmillennium nimmt das Heft 11/497 be-
hämmert aussehende Hunnen mit viel zu langen Lanzen aufs Korn.
Trotz eindringlicher Warnungen der Faustrechtsabteilung beharrt
Eghard von Henscheyd auf seiner Formulierung »ceterum censeo
Attilam esse idiotum«. Dass daraufhin Gesamtauflage, Redaktions-
hütte und Meister Eghard von den völkerwandernden Steppensöh-
nen kurzerhand »eingestampft« werden, ist nur folgerichtig.

49

Ein Aufschrei der Entrüstung geht durch die deutschen Fürstentümer, als im Mai 1208 die erste *Titanic*-Spezial ausgeliefert wird: eine knallharte Kritik am so populären wie erstarrten Minnesang des Rittertums. Mit beißenden Pastiches und Parodien distanzieren sich St. Peter von der Knorre, Chlodovechus Poth der Bärtige und Hruod Fürst zu Gernhardt und legen ihre Finger in die Wunden eines allzu höfischen Mittelalters.

Das 14. Jahrhundert: Europa zittert vorm Schwarzen Tod. Trotzdem gelingen der *Titanic* Höhepunkte mittelalterlicher Komik, wie
z. B. in Heft 8/1347: »kommet eyn pestkrancker zum barbier. saget
der pestkrancke: ›bitte schoen kurz, meyster‹. saget der barbier: ›so
lanck habet Ihr doch eh nymmer mehr!‹« Die erste Ausgabe der bis
heute legendären »Humorkritick« erscheint: »warumb der parzival
ein lamer scheis ist.«

Da haben Luther, Zwingli und Calvin ihre Rechung aber ohne die *Titanic* gemacht! In Heft 12/1517, knapp vier Wochen nach Luthers Thesenanschlag, greift Bruder Bartholomäus Eilert die Ketzer in einem »Brief an die Leser« scharf an: »bey Gott/waz sol der Quathsch? Ihr Heren hapt wol den sprychworthlichen Arsche auff/ Drum haltet eyn/denn Ihr irret. Eß kann nur eyne Kirch auff Erden seyn/unt die existieret alz die unsre! Also gehen Sie noch mal drüber? Grußlos: *Titanic*.« Geholfen hat's wenig.

Etwas weit aus der Wanne lehnt sich *Titanic* mit dem Augustheft 1793, einer Sonderausgabe zur Französischen Revolution. Sowohl die Titelmontage als auch eine fünfseitige Hetzrede im Heftinneren unterstellen dem Jakobinerführer Robespierre, indirekt an der Ermordung seines Parteifreunds Marat beteiligt gewesen zu sein. Robespierre sieht sich in seiner Menschenwürde verletzt und schaltet die zuständige Lynchjustizbehörde ein. Mit Erfolg: Da keine gerichtliche Einigung erzielt wird, lässt man im Juli 1994 kurzerhand die komplette *Titanic*-Redaktion und Robespierre enthaupten.

Friedrich der Große (51) im Glück (Preußen)

Meine erste Kartoffel

Oktober 1763: Nach dem Ende des Siebenjährigen Krieges zwingt Friedrich der Große die hungernden Bauern zu massenhaftem Kartoffelanbau. In einem geharnischten Artikel nennt *Titanic* den eitlen Aufklärerkönig »dummer, als die Polizey erlaubet«. Das Amtsgericht Sanssouci I verurteilt das Magazin zu 4 Silberlingen Schmerzensgeld, Verleger Patrik der Zahlungsfreudige versilbert eine seiner goldenen Karossen.

Ein ironischer Seitenhieb auf die Exzesse der wilden Zwanziger: der Weihnachtstitel 1922. In Bohèmekreisen nicht unumstritten, erreicht er nicht zuletzt wegen des für damalige Verhältnisse sensationell freizügigen Titelfotos eine Traumauflage von 200 000 Exemplaren.

Satire am Abgrund: Auf Weisung des Reichsministeriums für Propaganda und Volkshumor läßt *Titanic*-Schriftleiter Adolf Maria Schmittler für Heft 7/1942 einen Titel der allerübelsten Sorte entwerfen. Der junge Walter Boehlich protestiert und »darf« fortan die Rätselseite betreuen. Goebbels notiert in seinem Tagebuch: »Neue *Titanic*! Der Führer lacht Tränen. Die Rätsel sind ihm aber zu schwierig.« Die Heftgeschichte ist um ihr entsetzlichstes Kapitel reicher.

---

* Mit Gastbeiträgen von Stefan Gärtner und Benjamin Schiffner. Die im Text erwähnten Satiriker, Humoristen und Spötter *Johannes Traxleroderich, Eghard Henscheyd, St. Peter von der Knorre, Chlodovechus Poth der Bärtige, Hruod Fürst zu Gernhardt, Bartholomäus Eilert, Patrik der Zahlungsfreudige, Adolf Maria Schmitler und Walter Boehlich* sind unschwer zu erkennen als Vorfahren der späteren Redakteure, Autoren, Zeichner und Geschäftsführer Hans Traxler, Eckhard Henscheid, Pit Knorr, Chlodwig Poth, Robert Gernhardt, Bernd Eilert, Patric Feest, Oliver Maria Schmitt und Walter Boehlich.

DAS KALTE HERZ
Ein Schauermärchen mit Guido

Es war einmal vor gar nicht langer Zeit, da lebte in einer dunklen Ortschaft nahe der einst ruhmreichen Sowjetunion ein FDP-Grand mittlerer Jahre, recht ansehnlicher Statur und freilich so nachtfinsteren Herzens, dass die Mehrzahl derer, welche Umgang mit ihm pflegen mussten, ihn selten anders als »Strolch« und »Schinder« riefen, denn die Worte Arschkrebs mit Ohren kannten damals nur wenige. Diese aber riefen es mit aller Kraft ihrer Stimme, wenn Guido, wie seine Mutter ihn seit seiner unseligen Geburt nannte, neuartige Gesetze von solcher Grausamkeit erließ, dass ihm oft gar selber flau und mulmig wurde.

Um aber einem Irrtum meiner hochverehrten Leser vorzubeugen, versichere ich, dass es sich bei diesem Tunichtgut dennoch keineswegs um unseren heutigen Außenminister und ehemaligen FDP-Vorsitzenden Guido Westerwelle handelte, denn wirkte der Held unserer Erzählung auch ebenfalls in der FDP, so lautete sein Familienname doch Westerwolle und war von ersterem mithin nicht eben überdeutlich, so doch hinlänglich unterschieden.

Guido Westerwolle also war, wie wir bereits hörten, ein schrecklich missratener Lump und Saukopf, übrigens nicht lediglich im Umgang mit Menschen, wobei er den Behinderten, Säuglingen und Greisen besonders herzlos gegenübertrat und ihnen, ohne dass sie ihm jemals den geringsten Anlass boten, stets einen schweren Holzstab in die Fresse haute; sondern auch mit Pflanzen und arglosen Tieren der süßesten Art. Vorzüglich letzteren, und unter diesen vorzüglich den von allen unschuldigen Kindern in der ganzen Welt geliebten Kätzchen, Häschen und Schmusekaninchen pflegte Guido Westerwolle allabendlich aufzulauern, wenn sie von ihren Tagesabenteuern zu den Tränken und Schlafplätzen zurückkehrten, um im federleichten Land des Schlummers neue Kraft zu schöpfen. Die gemeinsten und für jedwede Kreaturen schmerzhaftesten Fallen stellte der Unselige auf, solche mit Strom und solche mit Stacheldraht, solche mit alchimistischen Zellgiften, gar eine mechanische Waterboardingapparatur hatte Guido gefertigt, in welcher er die Armen so lange festband, bis ihr Herz in schrecklichster Furcht und Bedrängnis aufhörte zu schlagen.

Jedoch wohnt auch der blutdürstigsten Seele, wie verborgen, wie verschüttet es auch immer sei, ein Gutes inne, denn wir alle sind Geschöpfe des himmlischen Vaters. So sah man Guido Westerwolle einmal am Ufer eines murmelnden Bächleins sitzen, wo er, nahe einer Wiesentanzgruppe, sein Nightmare-Antlitz in den blutigen Händen vergrub und sich scheckig lachte über all die schmucken Burschen und wunderlieblichen Mägdelein, welche dort zu frechen Liedern fröhlich umeinanderhüpften. »Höhö!«, röhrte der Gestörte trötend, holte einen pechschwarzen Horrorpimmel heraus und entleerte seine Blase in die Torte der entsetzten Hochzeitsgesellschaft.

Nun muss ich aber erneut innehalten und voller Gram gestehen, dass ich versehentlich von Guido Westerwolle sprach, wo es doch gewisslich Westerwelle heißen muss. So nämlich rief man diesen Knitterpickel und Atomschlumpf, dessen greuelhaftes Leben hier mit Abscheu und Getreulichkeit beschrieben wird. Bereits im Alter von drei Jahren war es beispielsweise, an einem heiteren sonnenhellen Juliustag, da bohrte Guildo Westerwelle seiner lieben Mutter (welche gleichfalls seine Oma war, so emsig randsteinbumste praktisch the whole family) im Verlauf eines munteren Streites die Mistgabel so tief in die Stirn, dass sie aus dem Hinterkopf verbeult wieder heraustrat! Was aber tat die Unglückliche? Sie lebte fort, als wäre nicht das Mindeste geschehen, und wirkte noch viele Jahre im Gichtnuttenkabinett von Ronald Koch.

Doch zurück zur Hauptperson! Habe ich denn schon von Guildos grässlichen Ernährungs- und Sexualverirrungen berichtet? Eine gute Kinderstube ist fürwahr nicht allen Menschen gegeben, und auch unsere affenhaften Vorfahren waren keine Meister feiner Küche und ihre Tischsitten nur wenig königlich. Doch was der verbohrte Turbosack sich in sein feuchtfaules Großmaul stopfte, derweil er furzend und splitterfasernackt sein widerwärtig stramm erregtes ... –

Mütter! Eure erste Erdenpflicht ist zu verhindern, dass Eure Kinder jemals das Folgende lesen oder es durch Eure unbedachte Rede erfahren, denn ihre zarten Seelen würden für immer zerstört. Westerwelle also … nein, auch ich selbst vermag es nicht niederzuschreiben, meine Feder sträubt sich und mein Herze pocht! So muss es wohl genügen, wenn wir es durch Guildos eigene fürchterliche Worte erfahren. »Ei«, sprach er nämlich einmal voller Ekel zu sich selbst, »ei, was gäb' ich vermaledeiter Dudelsack itzo für frische Walderdbeeren.«

Freilich vergingen noch viele viele Jahre, bis Westerwelle auf eine Weise zu Tode kam, die schrecklicher als schrecklich ist und die hoffentlich niemals mehr ein Menschenkind erleiden muss. Zum Höhepunkt einer pompösen Reise, auf welcher Guildo viele hunderttausend Goldtaler aus dem Fenster geworfen hatte, war er ans Ende der bekannten Welt gelangt, nach Rheinland-Westfalen in eine Menschensiedlung mit dem wunderlichen Namen Essen. Dort expedierte ihn, verleitet wohl vom allzu feinen Umhang und allzu hochnäsigen Gebaren seines Gastes, ein altstalinistischer Kutscher statt ins erwünschte 6-Sterne-Hilton geradewegs in den dunkelsten und gefahrvollsten aller irdischen Stadtbezirke, der aber Katernberg hieß und fürwahr angefüllt war mit den prekärsten Menschenwesen, die jemals auf unserem Globus gelebt haben. Just dort hielt die Kutsche vor einem jener sonderbaren kleinen Geschäfte, welche man hie Wasserhäuschen heißt, dort Kiosk und in kraftvolleren Sprachen Bierbude oder Kabäusken, und so auch in jener Stadt.

Vor einem Kabäusken also kamen die Pferde zu halten, und sogleich zückte der böse Kutscher sein Schwert und sprach: »1000 Silberlinge, und dann bitte aussteigen, harhar.« Nichts anderes blieb Guildo, als sein gesamtes Säckel herzugeben. Kaum aber war der gemeine Dieb außer Sicht, schüttelte der Betrogene die Fäuste gen Himmel und brüllte wie unter einem geheimnisvollen Selbstzwang immer und immer wieder die Worte »Drecksmalocher!«, »Polizei!« und »verfluchtes Scheißproletenviertel!«.

Es begab sich aber zu jener Zeit, dass vor dem Kabäusken ein sogenanntes Wetttrinken abgehalten wurde von zwei verfeindeten

Gruppen wahrhaft kräftiger Langzeitarbeitsloser, deren eine Guildo unverrichteter Dinge ins Team nahm und ihm wortreich auftrug, in seinem nun anstehenden Solokampfe gegen ein gewisslich höchst versiertes Gegenüber nichts als sein Bestes zu geben. Denn verlöre er, könne er sich seine Körperteile einzeln abholen und so weiter; wie die Bürger jenes Landstrichs halt so drauf sind. Und ach!, der arme Guildo mühte sich redlich, er rackerte, schluckte und schwitzte, aber da er jedwedes Gerstenbräu aus tiefstem Herzen verachtete und seinen Verzehr als sansculottisch ansah, schluckte er so zögerlich und halbherzig, dass es nach drei Minuten bereits 15 : 1 Flaschen für seinen durstigen Kontrahenten stand.

In der zehnten Minute war es schließlich, da trat die Mannschaft der legendären »Hartz four Krombacher« auf ihren unglücklichen Knappen Guildo Westerwelle zu und versammelte sich um ihn, enger und enger schloss sich der Kreis, und bald schien unser Held auch dem geübtesten Auge entschwunden. »Hömma, Willy«, rief einer der Burschen zum Kabäuskenwirte hinüber, »wenn du uns dreißig Mundtücher und ebensoviel Besteck bringst, soll es dein Schade nicht sein!«

Was dann geschah, war so entsetzlich und grauenvoll, dass wir es in allen seinen Einzelheiten und Verästelungen wiedergeben möchten. Eine rechte Zeitlang war das Jauchemaul nämlich noch zu hören, und es waren Töne und Geräusche von allergrößter Seltenheit. Doch o Wunder: Als sich der Kreis nach etwa einer Stunde wieder öffnete, war der Schreckliche – fürwahr wie weggezaubert. Einfach nicht mehr da! Haha! Gefressen und verdaut – so dachte man zumindestens! Aber kaum hatten die Männer jodelnd und jauchzend auf die Mahlzeit angestoßen, wurde allen seltsam unwohl zumute. Bald hielten sich die armen Kämpen ihre Bäuche, sie wanden sich in Schmerzen und wurden erst erlöst, als das Verspeiste in hohem Boden aus ihren Mündern wieder heraustrat und zu Boden flog, wo es zu einer ansehnlichen Lache heranwuchs.

Wie aber erstaunten die Prekären, als der Entsetzliche, wie von Zauberhand gesammelt, aus seinem eigenen erbrochenen Corpus sich erneut zusammensetzte! Wie der T-1000 aus »Terminator 2«!

Unter wahrhaft grauenvollen Seufzern und Rülpsern stand der große Liberale von den Toten auf – aber, o Himmel, welcher teuflische Satan hatte hier den Baumeister gegeben? Guildos Füße wuchsen verkehrtherum, ein schrecklicher Buckel saß auf der verkrümmten Schulter, und Guildos Antlitz – öchz.

Und wie bescheuert der stank!

Da plötzlich zuckte er zusammen. Er begann zu hüpfen wie ein gehetztes Tier, unter wilden grässlichen Bewegungen tanzte Guildo zum Kabäusken, wo er mit rasender Stimme schrie: »Fünf Krombacher aufs Haus!« Er trank wie der Blitz, und nach wenigen Sekunden waren alle Flaschen bis auf den letzten Tropfen geleert.

Guildo Westerwelle war verrückt geworden.

Dann explodierte er.

Aber noch viele Jahre lebte er so fort und sprach zu sich: »Es ist doch besser, zufrieden zu sein mit wenigem, als Gold und Ämter zu haben, und ein kaltes Herz.«

DER JUSTIZFALL KACHELMANN:
GESETZT, WEIL ES UNDENKBAR WÄRE

Es ginge eine Frau zur Polizei
Und sagte dort, es habe ihr ein Mann
Gewalt und also Schlimmstes angetan;
Gesetzt, es ginge also um die zwei
Und nur um sie, und ob's so war und stimmt;

Gesetzt zudem, der Mann sei landbekannt
Und just der Staatsanwalt so bei Verstand,
Dass er den Casus gleich der Presse simst;

Gesetzt, von da ab wäre Schwarz auf Weiß
Tagtäglich nachzulesen, wie der Mann
Bisher sein Leben lebte, wo, wie, wann
Mit wem und was er kalt fand und was heiß;

Gesetzt, das klügste aller Blätter (*Bild*)
Würd' uns ein neues *Bild*girl präsentieren:
Die Alice (Schwarzer), und die würd' parieren,
Indem sie alle *Bild*-Instinkte stillt
Und mutig schreibt, was sie, das *Bild*girl, kann.
Das ist: zu wissen, dieses Schwein ist schuld.
Nein, nicht der Anwalt. Der bekannte Mann.

Gesetzt (weil sich's in Schlamm am schönsten suhlt),
Es ginge eine frühere Liierte
Zur *Bunten* (auch ein Blatt von Hochverstand)
Und kriegte 50 000 auf die Hand,
Weil sie Intimes in die Spalten schmierte;
Und dürfte zur Prozesseröffnung
Als Kachelmann verkleidet in den Saal
Ein Pocher: als das leuchtendste Fanal
Neudeutscher Fernsehkomikhöffnung;

Und wäre alles dies kein Alp, neinnein,
Und trät' Justiz das Recht fürwahr mit Füßen,
Dann dürfte man wohl mit Tucholsky schließen:
»Da möchte man hineingetreten sein.«

DIE NEUEN STEINBRÜCKS SIND DA!

Am Jahresende 2012 kürt die SPD ihren Kanzlerkandidaten für die kommende Bundestagswahl, und vieles deutet auf Peer »Glamour« Steinbrück: Er selbst will es, der Altkanzler Helmut Schmidt will es, wir alle wollen es. Denn der Mann weiß, worauf es ankommt. Schon als Finanzminister war ihm klar, dass ein Politiker »Markenartikel sein muss, der richtig verkauft wird«, und schrieb einen jährlich 160.000 Euro teuren Imageberater aus. Jetzt endlich trudelten die Entwürfe fünf weltberühmter Agenturen ein, jetzt endlich hat der schillernde Rheinländer die Qual der Wahl.

»Peery Glitter Megastar«

Den gewieften Langeweiler neuverorten »zwischen David Bowie und Justin Bieber« will die Düsseldorfer Agentur BBDO. »Weg vom Image des Borderline-Aktenpupsers, hin zu Rock'n'Love'n'Metrosex.« Der Plan: Nach jeder Rede haut Peery das Manuskript zu Brei,

schmeißt sein Büro aus dem Fenster und versenkt mindestens einen Dienstwagen samt Fahrer im Pool; Megastar eben! So verliert nicht nur die Finanzkrise ihren Schrecken – nur ruinierte Weltstars gelten ja als wirklich Kult –, auch die »Frauen in der Union« haben endlich was zu kreischen. Und individuelle Steuerzahlung wird zur Party: »Beim Konzertkartenkauf gucken Fans ja auch nicht auf den Preis. Ist Steuerzahlen aber Pop-Event, empfindet man Nachzahlung als Zugabe.« Eine CD ist für Juli geplant, die geilste Steuernummer wird als Single ausgekoppelt. Arbeitstitel: »Anlage A«.

»Die dunkle Seite der Finanzpolitik«

Weg vom schreckhaften Weichei, hin zum unbarmherzigen Darth Steinbrück, aus dessen Steuerimperium es kein Entrinnen gibt, denn er beherrscht das ganze Universum. Die Hamburger Agentur Jung von Matt: »Da werden deutsche Manager sich's dreimal überlegen, ob sie die Ausbeutung nach Indien verlagern; von Steuerflucht zu schweigen.« Der Staat als Leviathan, dessen Zwiespältiges man akzeptieren muss: Wer Schulen, Krankenhäuser und

Finanzämter will, der muss auch Steuern zahlen, sonst wird er halt nach Strich und Faden abgeschlachtet. Pech des Tüchtigen: »Darth Vaders Knarzstimme und wachsstarre Mimik hat Steinbrück leider heute schon, das können wir dann kaum in Rechnung stellen.« Dumm gelaufen …

»Knuddeln, kuscheln, Steuern zahlen«

Ein aalglatter Karrierehund als süßer Koalabär? Der neu aktivierte Bizarrberater Moritz Hunzinger: »Kein Tier steht so für Menschenschinderei und Große Koalation wie die Klapperschlange, aber beliebt ist sie ja trotzdem nicht«, näselt der Dreikäsehoch. »Dagegen der Koalabär: ein freundlicher, sparsamer und nachsichtiger Analcharakter, der auch mal beide Augen zudrückt, gern bis zu zwanzig Stunden täglich.« Gegner postmodernen Artensterbens finden ihn zudem echt knuffig, und in seinem Ministerium riecht's angenehm

nach Eukalyptus. Das nämlich frisst er pausenlos und ist daher nie erkältet, aber immer zugedröhnt und so gut drauf, dass man ihm freiwillig sein letztes Hemd überweist.

»Hart & zart«

Mit der an Bully Herbigs Westernparodien geschulten Kampagne »Der Hetero-Macker ist tot, es lebe Peer, der schwule Cowboy!« reitet die Iserlohner Agentur »PlagiArt & Söhne« sich selber rein. Ihr wortspiellauniges Konzept »Der Finanzminister als Gender-Marketender und Bienlein, das von Blume zu Blume hüpft, den Steuernektar quasi absaugt und in die Annalen der Fistkalpolitik eindringt als einer, der aus der zweiten Reihe Haushaltslöcher stopft« bewegte den deutschen Kresserat denn auch zu einer deutlichen Rüge (»Muss es nicht Ficksalpolitik von hinten heißen?«), kam aber bei Steinbrück trotzdem nicht an: Die Idee wurde peer Gerichtsurteil verboten, die Agentur zu 5000 Jahren Homophobie verurteilt.

»Vielleicht Bademeister oder sowas «

Die gewitzte Berliner Agentur Runze & Casper gibt gerne zu, dass ihr der Name Steinbrück »nicht das geringste sagt«, verweist aber auf ihre werbliche Kompetenz: »Von uns stammt der Slogan ›Ku-

chen, Brot und Nussecke/gibt's vielleicht bei Bäcker Ismir Gülmüz um die Ecke!!!«« Die Hauptstadtprofis weiter: »Der Bademeister steht für Sommer, Sand und Weiber, für Fun, Softeis, neurotische Wespen und Schalen kalter Pommes, in die debile dicke Kinder mit ohrenbetäubendem Geschrei hineintreten. Das persilreine Weiß seines Polo-Shirts hingegen steht für die Weisheit unseres Vorschlags. Und schließlich die Mütze: Die haben wir vergessen wegzuretouchiert.« Kommentar Steinbrück: »So machen wir's!«

(*mit Gastbeiträgen von Mark-Stefan Tietze*)

BELOGEN UND BETROGEN
Eine waschechte »Spiegel«-Reportage

Der erste Schlag kam zum Ende des vergangenen Jahrtausends, und er traf Deutschlands bunte Fernsehmagazine wie »stern TV« u. ä. Die ganze Branche geriet in Aufruhr, als bekannt wurde, dass der TV-Reporter Michael Born Fernsehredakteure mit gefälschten Berichten geleimt hatte. Verantwortliche räsonnierten öffentlich darüber, »ob und wo die jounalistische Aufsichtspflicht versagt« habe; Borns Anwalt hielt die Medien für mitschuldig an den Betrügereien: Es werde, so der Anwalt im *Spiegel*, »ein unglaublicher Druck ausgeübt, dass man die Fernsehberichte dramatisch zuspitzt«.

Dramatisch waren Lügenbaron Borns Beiträge in der Tat: In einer Felsenhöhle verbrennen deutsche Ku-Klux-Klan-Mitglieder ein Christenkreuz und brüllen Nazi-Parolen; sklerotisch dürre Drogenkids quetschen fette Kröten aus und berauschen sich an deren Drüsensäften; in Indien lässt Ikea kleine Kinder für sich schuften. Fraglos heiße Stoffe, aber Phantasiegebilde durch die Bank.

Und nun sind die Buchverlage dran. Bestätigt sich der furchtbare Verdacht, wurden seit über hundert Jahren unzählige Berichte schlicht erstunken und erlogen. Etwa dieser:

Adrian Leverkühn, ehrgeiziger Komponist aus Oberweiler (Bayern), erhält Besuch von einem Unbekannten. Der schlägt ihm ein Geschäft vor: Falls Leverkühn bereit ist, seine Seele an ihn abzutreten, darf er mit zwölf Tönen komponieren, sage und schreibe vier Tönen mehr, als den Kollegen zur Verfügung stehen. Der toughe Ton-Tüftler sagt ja, erfindet die Zwölftontechnik und wird weltberühmt. Am Ende stirbt er und kommt in die Hölle. Denn sein Besucher war – der Teufel.

Alles Unsinn. Dabei schien die Story hieb- und stichfest: unterschrieben von dem renommierten Philologen und Leverkühn-Intimus Serenus Zeitblom. Das behauptete zumindest Thomas Mann, umtriebiger Autor aus Lübeck. Erfolgreich schwätzte er den Humbug einem Verleger namens Fischer auf.

Oder das Pestdrama in Venedig: Aschenbach, homosexueller Durchschnittsliterat aus München, bereist die leichtlebige Lagunenstadt, verguckt sich in ein blondes Upper-Class-Söhnchen aus Polen und bleibt, allen Warnungen zum Trotz, in der verseuchten Italo-Metropole. Logische Folge: Aschenbach stirbt. Auch dieses Material ließ Fischer drucken. Autor: Thomas Mann.

Annähernd eine Million Mal ging die schwüle Ware über den Tisch, nichtsahnende Kulturobere erhoben sie zum Schulstoff. Jetzt scheint klar: Beide Stories sind von vorn bis hinten ausgedacht, ihr inzwischen toter Autor war ein Betrüger erster Güte:

- Die Reihen- oder Zwölftonmusik erfand nicht A. Leverkühn, sondern A. Schönberg (1874–1951). Schlimmer noch:
- In Europa ist die Pest seit 1720 ausgerottet (Ausnahme: Malta 1936 mit achtundzwanzig Infizierten).
- Den Teufel gibt's vermutlich gar nicht mehr.

Über dreißig dicke Bände dieses Herrn Mann, randvoll mit hanebüchenen Geschichten, brachte Fischer bis heute in Umlauf. Reine Kopfgeburten sind sie allesamt, mit einer Ausnahme: der dünnen Story »Herr und Hund«. »Herr Mann«, so ein Verlagssprecher, »besaß tatsächlich einen Rüden namens Bauschan.«

Ansonsten: Born lässt grüßen, und nicht nur im Fall Mann. Längst landet ein straff organisierter weltweiter Ring selbsternannter Berichterstatter einen Coup nach dem anderen, dreht einer lesestoffversessenen Kundschaft freche Halbwahrheiten oder Lügen an, teils gar im Leinenschober, Fadenheftung inklusive.

Beispiel Dostojewski: Verlage wie Winkler, dtv und Ammann, einst Aushängeschilder ihrer Zunft, gingen dem betont schwermütigen Moral-Hallodri auf den Leim, ließen die meist kruden Großfeatures umständlich übersetzen. Auch hier Fehlanzeige: »Der Idiot« etwa, wortreiche Reportage über einen epileptischen Good-will-Naivling names Myschkin, ist nichts weiter als ein schlecht verbrämtes Tagebuch: Auch Dostojewski, verarmter Adelsrusse wie der angebliche »Myschkin«, litt an Epilepsie.

Möglicher Grund der Gaunerei: Zwischen 1849 und 1853 lebte der Betrugskünstler als Zwangsarbeiter in Sibirien – Hort von Hunger und Entbehrung. Danach, so vermutet die Moskauer Staatsanwaltschaft, »hat er wohl nur noch phantasiert«.

Beispiel Kafka: Das melancholische Büro-Sensibelchen erwähnte, so scheint es heute, wohl absichtlich keine Orts- und Straßennamen, ließ die Arroundings seiner Hirngespinste bewusst im Kafkaesken: eine Strafkolonie ohne Anschrift, ein Schloss ohne Dorf, ein Prozess ohne Gerichtsstand. Sogar die Verwandlung eines Menschen in einen Käfer, biologisch ein Unding, kaufte man ihm ab.

Solche Fälle aber sind nur die prägnantesten. Ungleich flächendeckender betroffen scheint die sogenannte Unterhaltungsliteratur, schwere Mammutschinken mit zumeist rasanten Mega-Abenteuern oder auch wohlfeile Heftchen voller packender »Berichte« aus dem Astronauten-, Liebes- oder Arztalltag.

Günter Grass etwa, aus Danzig stammender Schnauzbartträger, schädigte gleich mehrere Verlage. Zunächst foppte er Luchterhand mit einem Sack fehlerstrotzender Tierstudien (»Katz und Maus«, »Hundejahre«, »Aus dem Tagebuch einer Schnecke«, »Der Butt«, »Die Rättin«, »Unkenrufe«). Dann linkte er den arglosen Steidl-Verlag mit »Ein weites Feld«, fragwürdigen Grübeleien eines mysteriösen Herrn Fonty. »Wir müssen blind gewesen sein«, ärgert man sich bei Steidl heute. »Der Nachname ›Fonty‹ ist nichts als eine, wenn auch geschickte, Verballhorung von ›Fontane‹.«

Zwar gab es einen Mann diesen Namens wirklich (Theodor Fontane, Erzähler, 19. Jahrhundert). Der aber, fand Steidl nun heraus, »ist lange tot«. Der Autor mit dem ausgeprägten Hang zur Fiktion hätte wohl noch weitere Verlage täuschen können, wäre seine Fonty-Story nicht verdächtig mager ausgefallen. So blieb ihm am Ende nur die Flucht in die Wahrheit. »Mein Jahrhundert« und »Die Zwiebel« freilich sind, so der leidgeprüfte Verlag, noch vielmal scheußlicher.

Noch vielmal scheußlicher agierte »Konsalik«, die Firma des 1999 verstorbenen und doch bis heute skrupellosesten Buchbetrügers aller Zeiten. In dramatisch abgründigen Storys (»Der Arzt von Stalingrad«, »Liebesnächte in der Taiga«, »Eine glückliche Ehe«) spielte der zum Bauch neigende Gauner sich als beinharter Lazarettdoktor und Sexwüstling auf; Millionen Leser/innen, vorwiegend hirn-geschädigte Kriegskrüppel und polymorph perverse Ehefrauen, fra-ßen dem Verbrecher aus der Hand.

Aber dann wurden, kurz nach seinem Tod, sämtliche Unterlagen beschlagnahmt und auf Manipulationen untersucht. Ergebnis: Nicht ein Wort entsprach der Wahrheit. »Es ist der reinste Schlod-der«, gestanden gleich mehrere konkursbedrohte Abnehmer wie Blanvalet, Heyne usw. Versöhnlich gibt man sich nur beim haus-eigenen Konsalik-Verlag: »Hängen müsste man den Spinner!«

Aber wie? Wochenlang saß »der Unheilbare« (Krankenakte) in der Geschlossenen und tobte. Und nicht nur sein Wächter hielt den Buchmarkt für mitschuldig an der Erkrankung seines einst so ru-higen Mandanten: »Auf die Autoren wird ein unglaublicher Druck ausgeübt. Spannend soll es sein, voller unvorhergesehener Wendun-gen und dabei aus dem Leben gegriffen. Die Autoren aber hocken ganztags vor dem Schreibtisch. Also woher nehmen, wenn nicht er-finden?«

Ebenfalls pleite ist ein zweiter Ex-Marktriese: der Bastei-Verlag aus Bergisch Gladbach. Millionen Exemplare seiner aufregenden Abenteuer-Liebe-Adel-Ärzte-Reihen – »Geisterjäger John Sinclair«, »G-man Jerry Cotton«, »Dr. Stefan Frank«, »Landarzt Dr. Fabian« – sind im Umlauf. Doch alle sind sie falsch. Eigentlich hätte man drauf kommen könnnen:

- Geister lassen sich nicht jagen.
- Ein Jerry Cotton war nie Mitglied des FBI.
- Dr. Stefan Frank ist zwar Onkel und Doktor, aber kein Arzt.
- In Altenhagen gab es keine Löwenvilla. Also konnten der Land-arzt Dr. Karsten Fabian und seine Frau Florentine nicht dort wohnen. Zudem kannte die treusorgende Gerline Semmelweiß, abergläubische Haushälterin der Fabians, nachweislich weder ei-nen Johannes Bruhns, Heidschnuckenzüchter und bester Freund von Dr. Heideck, noch Helene Fromm, die geizige Wirtin vom »Blechernen Krug«.

So war das Jammern groß. Zwar räumte man bei Bastei ein, dass die »üblichen journalistischen Filter« versagt hätten, und feuerte ein halbes Dutzend Redaktcure. Vor allem aber war man von Dr. Fabian enttäuscht. »Ich kann so einem nur in die Augen schauen«, zuckte der Verlags-Chef mit den Schultern, »und muss dann entscheiden, ob ich ihm glaube oder nicht.«

Glauben schenkte man vor kurzem auch der erfolgreichsten Lügnerin und Blenderin der Buchhistorie, obwohl ihre Story aus nichs als frechen Tatsachenbehauptungen, grellen Ungereimtheiten und bizarren Übertreibungen besteht: Ein nasenloser Zauberer will eine englische Kleinfamilie ermorden, doch Sohnemann überlebt und entpuppt sich bald als nicht minder toller Hecht, der auf Würgeschlangen einreden und auf Strohbesen fliegen kann. Zur Strafe kommt er in ein strenges Internat, wo er jahrelang gegen Lehrer, Mädchen und wackelige Treppenhäuser kämpft. Das Tollste: Seine dicke schwarze Hornbrille wächst mit!

Zweihundert Milliarden Exemplare dieser auf sieben Bände aufgeblasenen Ente gingen über den Ladentisch, ihre schamlose Erfinderin Joanne K. Rowling wurde reicher und schöner als die Queen. Inzwischen ist klar: Der vorgeblich so todesmutige Held Harry Potter heißt eigentlich Daniel Radcliffe, ist britischer Schauspieler.

Und so konnte und kann nur einer der verdächtigen »Schriftsteller« sich entspannt zurücklehnen: der Terraner Perry Rhodan, Erbe des Universums und seit über zweitausendsechshundert Abenteuern in Neuer Galaktischer Zeitrechnung auf der BASIS unterwegs, wo er sich zwischen Milchstraße und der Großen Leere denkbar zwickelige Gefechte mit den Hamamesch oder Maschtaren liefert (u. a. gegen Gomasch Endredde, Tréogen oder Aachthor). Die Ermittler tun, was sie können, wissen aber um ihre Sisyphos-Aufgabe: »Natürlich könnten wir ihn schnappen. Aber was dann? Der Mann ist unsterblich. Über ein paar Jahre Knast würde der nur lachen.«

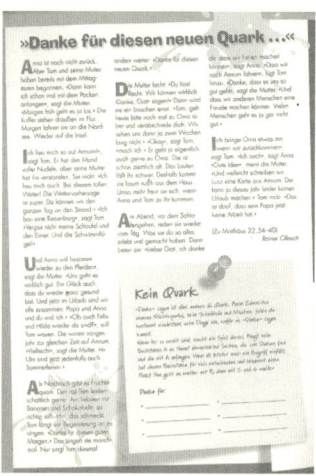

(aus: Jugendfreund Nr. 30, ein »evangelisches Mitmachheft für Kinder«, herausgegeben vom CVJM Stuttgart)

SONETT VOM QUARK
DES JUGENDFREUNDS

Die Kirche ist nicht frei von schlimmen Fällen.
Doch seht, wie hier ein Jugendfreund sich müht,
Die schöne Lust, die heimlich in ihm blüht,
In aller Öffentlichkeit auszustellen.

Ein gottgerechtes Antlitz zu erhellen
Mit Weiß, so dünn wie Sahne, die verfrüht:
Wie unter großem Hochdruck sich versprüht,
Das möchte er. Doch nicht aus eignen Quellen.

So nimmt er lieber neuen Quark statt Samen.
Die Jugend wundert sich. Und nimmt es hin,
Als wüsste sie, wie all die andern kamen.

Die Kirche ist nicht frei von großen Dramen,
Und bunt ist ihre Lust. Man steckt nicht drin
Und sagt doch, prophylaktisch, dreimal amen.

Mit einem Peugeot 504, Erstzulassung 07/88, war Anna, 23, unterwegs nach 4010 Basel. Kurz vor München begann das Liebhabermodell zu bocken, die zwanghafte Mathematikstudentin schaffte es mit Not zur nächsten Nothaltebucht. Dort gab der Oldtimer seinen Geist auf – Kolbenfresser!

Jürgen, der stotternde Schulsprecher mit elf Dioktrin und starkem Buckel, hatte bei Mädchen immer nur Glück. Auch bei Raufereien war er stets überlegen, hatte liebe und steinreiche Eltern und dachte hier und da schon an Selbstmord oder Facebook – bis ein »Freund« ihm einen Tip gab …

Ulrike, 27, gefragte Promi-Journalistin, quälte sich fast täglich mit Zukunftsängsten: »Was, wenn ich morgen noch blöder bin wie heute? Und dann auch noch alt und krank werde?«

Installateur Klaus G., Vater von vier Kindern, kam mit seinen 7000 Euro halbwegs über die Runden, sah dann das neue Audi-Spitzenmodell. »Das wollte ich natürlich sofort leasen, brauchte dringend eine Lohnerhöhung.« Aber woher nehmen, wenn nicht stehlen?

Phasen wie diese gibt es in fast allen Biographien. Jeder kennt persönliche Krisen, Zeiten der Sinnsuche und des Umbruchs. Ein erschreckend großer Teil der Betroffenen gerät in dieser Situation in die Fänge obskurer Gemeinschaften: Auf fast neunzig Millionen schätzt der Berufsverband deutscher Psychologen die Zahl der Sektenmitglieder in Deutschland. Sie alle, so betonen Beobachter der Szene, sind Mitglied einer oder gar mehrerer Kultbünde, die ihre Persönlichkeit verändern und oft auch nachhaltig beschädigen.

»Kein junger und sensibler Mensch«, meint der ausgedachte Fachmann Erhard Dings, »ist generell davor gefeit, den ausgeklügelten Anwerbe- und Indoktrinationsmechanismen dieser Kulte zu erliegen.« Denn in Krisensituationen sind die potentiellen Opfer zwar einsam und deprimiert, aber gerade darum offen für Menschen, die ihnen die schmerzlich vermisste Hilfe anbieten.

Anna, von ihrem Bekanntenkreis als »eher unsicher« beschrieben, ist so ein Fall. Ihr defekter Peugeot 504 war noch warm, als ein quietschgelbes Auto hinter ihm hielt. Der Fahrer stellte sich, typisch für diese wohl eigenwilligste deutsche Sekte, als »gelber Engel« vor und bot an, den Pannenwagen entgeltfrei zur nächsten Werkstatt zu schleppen, falls Anna bereit sei, in den ADAC einzutreten. Die Labile im Rückblick: »Ich hatte ja keine Ahnung, wer oder was dieser ADAC überhaupt war. Aber damals kam es mir vor, als hätte der ›gelbe Engel‹ meine Gedanken gelesen. Kostenlos zur Werkstatt! Es war genau das, was ich in dieser Situation brauchte.«

Wie Anna geht es vielen Opfern. Gezielt fahren die Werber des ADAC Landstraßen und Autobahnen nach liegengebliebenen Fahrzeugen ab. Dings: »Es ist eine Art Straßenstrich. Da sind wir machtlos.«

Ganze sieben Jahre lang war Anna ADAC-Mitglied, zahlte fast tausend Euro an den damaligen Sektenführer Otto Flimm, bis ihr der Ausstieg gelang. »Da herauszukommen ist ja kaum möglich. Es gibt nur einen Kündigungstermin pro Jahr, und der liegt sehr ungünstig. Wer es trotzdem schafft, erhält mehrere sogenannte ›Kundenschreiben‹, in denen die Sekte einem ganz offen droht. Vor allem damit, bei der nächsten Panne die vollen Gebühren einzuziehen. Ohne Hilfe hätte ich den Ausstieg nie geschafft.«

Besondere Gemeinheit: Wie alle Ex-Mitglieder erhielt auch Anna noch für einige Zeit die ausschließlich von Sektenhörigen finanzierte Kultzeitschrift *Motorwelt*, eine das Wir-Gefühl gekonnt betonende wirre Schmonzette mit seltsam anmutenden »Fahrberichten«, Bildern von brutalsten Crashtests und seitenlangen »Autopreislisten«. Im Kern geht es allerdings um politische Forderungen, die christliche und abendländische Werte bewusst negieren: Ausbau der Autobahnen, Reservierung der linken Spur für Sektenangehörige usw.

Vorwiegend auf Schüler und Studenten abgesehen hat es eine ultra-autoritäre, von der Außenwelt völlig abgeschottete Sekte, welche alle aus diesem Bereich bekannten Techniken der Gehirnwäsche perfekt beherrscht:

- Milieukontrolle (Isolierung des Mitglieds aus vertrauter Umgebung)
- Informationskontrolle
- Gruppenzwang
- Sprachmanipulation
- Entzug von Schlaf und Privatleben
- intensive Gefühlsmanipulation, vor allem der Gefühle Angst und Machtlosigkeit
- eigene, für die Öffentlichkeit unzugängliche Gefängnisse

Deutschlands Ausstiegsberater halten diese erst kürzlich und eher widerwillig gestutzte »Bundeswehr« des smarten Yuppie-Gurus de Maizière nicht nur wegen ihres hohen Bewaffnungsgrades für die mit Abstand gefährlichste Gruppe. Jürgen Dings, ehemaliges Mitglied, erinnert sich heute mit Grauen an seine Zeit als »Rekrut«: »Man wird in Sektenkleidung gesteckt, ständig angeschrien, kriegt die Haare geschnitten und muss den Befehlen völlig irrer ›Leutnants‹ oder ›Feldwebel‹ Folge leisten. Wer sich weigert, darf am Wochenende nicht nach Hause oder kommt in den ›Bau‹, ein regelrechtes Gefängnis.«

Auf 75 000 Mitglieder beziffern Experten die derzeitige Personalstärke des inzwischen weltweit operierenden Kultes. Seine riesigen Finanzmittel, die Rede ist von 47,3 Milliarden Euro allein fürs laufende Jahr, gehen teils in die Munition – sie wird auf eigens angemieteten Ländereien in die Luft geschossen –, teils in psychologisch äußerst platt konzipierte Werbekampagnen. Dings selbstkritisch: »Alles dreht sich um Pistolenschießen, Dienen, Tapferkeit, Raufen, Stechen, Töten und Sexorgien mit dicken schwulen Offizieren. Wer kann da schon nein sagen?«

Das Blaue vom Himmel verspricht eine nicht weniger fanatische »Gemeinschaft der Versicherer«. Unter ihrem Dach versammelt sich ein ganzes Heer ehemals eigenständiger Kulte, die heute faktisch zusammenarbeiten: hauptsächlich zum Zweck gemeinsamer Mitgliederwerbung, wobei die Jünger selbst vor Hausbesuchen nicht zurückschrecken. Hierbei verbreiten sie gezielt Angst und Panik. Mit Fangfragen wie »Wer zahlt eigentlich, wenn Ihre Waschmaschine ausläuft, ein Orkan Ihr Dach abhebt, ein Kugelblitz durch die Etagen saust, Ihre Wohnung ausbrennt und das ganze Haus ruiniert, während das Viertel gerade in dem Moment wegen Bergschäden einbricht, in dem Ihre Kinder echte Picassos verätzen?« bringen sie ihre Opfer gezielt in Hochstimmung und dazu, gleich ein ganzes Dutzend »Policen« zu unterschreiben, kleinstgedruckte Mitgliedserklärungen, die horrende monetäre Verpflichtungen nach sich ziehen und nicht selten ganze Familien in den Ruin treiben.

Solche Fälle, so die echte Sektenbeauftragte der Bundesregierung Antje Blumenthal (CDU), seien »keineswegs nur die Spitze des Eisbergs. Denn noch viel mehr Sorgen bereiten uns die sogenannten ›Kranken- und Rentenversicherten‹«. Verständlich: Hier geht die Mitgliederzahl in die Millionen. Sie alle hängen den abstrusen Glaubenslehren dieser krass weltlich orientierten Kultlogen an. Gepredigt wird Hanebüchenes wie »Rundumversorgung« im Krankheitsfall, Erstattung eines Teils der Zahnarztkosten, kostenlose Verabreichung seltener Krankenhauskeime sowie ein finanziell vollständig abgesichertes Alter. Ein Viertel, teils sogar ein Fünftel ihres Bruttolohns haben die Mitglieder an die Sektenführer zu zahlen, laut Blumenthal ein schlicht krimineller Sachverhalt: »Die beneidenswerten Sektenchefs wie Riester oder Rürup sitzen mit wunderschönen gebildeten Prostituierten in Venezuela, sind praktisch nicht zu fassen. Und nicht eines ihrer Opfer wird sein Geld jemals in voller Höhe zurückbekommen, hahaha!«

Na toll.

GEFÄHRLICHE SEKTEN IM ÜBERBLICK

Die Eheleute
Gegen die »drei Menschheitsgeißeln« Persönlichkeitsentwicklung, freie Liebe und eigene Wohnung setzt diese weltweit größte Psychosekte ihre »heiligen drei Riten Dauerfernsehen, Rosenkrieg und Scheidung«

Gewerkschafter

In Deutschland verstärkt seit Mitte des 19. Jahrhunderts. Guru: Michael Sommer. Mitglieder lehnen alles Metaphysische wie Sozialismus oder Kommunismus ab, dabei undurchsichtige Geschäfte der Sektenchefs. Endziel ist die Beibehaltung einer als heilig verehrten »38,5 Stunden-Woche bei vollem Lohnausgleich«

Die Versicherten

Die Welt ist unvorhersehbar, riskant und schlecht. Überall drohen die teuflischen »Fünf Hauptschadensfälle: Rohrbruch, Feuer, Diebstahl, Alter, Krankheit«. Weg durch die Wirrnis: die sogenannte »Rundumversicherung«. Stützpunkte überall in Deutschland, starke räuberische Energie. Besonders erfolgreiche Mitglieder erhalten kostenfreien Zutritt zu Budapester Hallenbädern, wo sie ihr Karma in angenehmer Atmosphäre reinigen können

Die Kegel-Gruppen

Esoterisch orientierte Männersekte: meditatives Biertrinken in asketisch eingerichteten »Bundeskegelbahnen«. Macht immer wieder mit obskuren »Turnieren« von sich reden. Starke Abneigung gegen Ehefrauen

Die Sparer

In den Industrieländern weitverbreiteter heidnischer Kult aus den Anfängen des Münzverkehrs: Die Mitglieder legen all ihr Geld auf die götzenhaft verehrte »Hohe Kante«; die entrückten Gurus (»Bankiers«) scheffeln Milliarden, mit denen sie aufreizend pompöse Gebäude, die sogenannten »Filialen«, errichten

Der ADAC

Wirre Großsekte unter Guru Peter Meyer. Gesetze der Rücksicht verlieren Geltung, sobald sie den Straßenverkehr betreffen. Motorisierte Anwerber-Flotte, die Notsituationen ausnutzt. Austrittswilligen drohen mehrere »Kundenbriefe« sowie ungefragte Zusendung der Kultzeitschrift

Die Busreisenden
Straff organisierte Ultra-Gruppe. Motto: »Führer, befiel, und wir folgen Dir.« Hass auf alle Nicht-Sehenswürdigkeiten, dabei archaische Heizdeckenverehrung. Große kultische Energie, fahren an einem Tag nach Rom und zurück

Die Schüler
Populärster Jugendkult. Erweckungsbewegung mit stark egoistischen, konkurrenzhaften Zügen. Früher linksradikal, heute rechtsradikal. Schroffe Ablehnung der »drei freundlichen Tugenden« Pfuschen, Fudeln und Abschreibenlassen. Aggressives Pausenverhalten. Puritanischer Sexualkodex, kultische Verehrung künstlicher Ohnmacht (»Komasaufen«)

Die Rekruten
Bekannt geworden als »Wehrmachtssoldaten« Mitte des letzten Jahrhunderts, weichen immer mehr in den Untergrund aus. Totalitäre Binnenstruktur, eigene Gerichtsbarkeit, völlige Abschottung nach außen, menschliche Gesetze werden nicht akzeptiert. Unter Guru »Starbetrüger« Guttenberg weltweiter Ausbau der Operationsbasis. Mitglieder sind bewaffnet. Seit einer Statutenänderung im Jahre 2011 werden nur noch klinisch Schwachsinnige aufgenommen

BERATUNG UND INFORMATION:
HIER BEKOMMEN SIE HILFE

Zeugen Jehovas: Am Steinfels, 65618 Selters/Taunus, Telefon 06483 41-0
Universelles Leben, c/o Das Universelle Leben Aller Kulturen Weltweit e.V.: Max-Braun-Str. 2, 97828 Marktheidenfeld, Tel. 09391/503989-540, info@universelles-leben.org
Die Christen: Petersdom, 00100 Rom, Italien, papst@aol.com
Scientology: Scientology Kirche Berlin e.V., Otto-Suhr-Allee 30–34, 10585 Berlin, Telefon: 030 3640760, berlin@scientology.net

7.-Tags-Adventisten: Sandwiesenstr. 35, 64665 Alsbach-Hähnlein, info@adventisten.de

Die Muselmänner: Al-Haram-Moschee, Mekka, Saudi-Arabien

Mun-Sekte: zur Zeit leider abgetaucht

Transzendentale Meditation: Maharishi Veda GmbH, Sophien-straße 7, D-30159 Hannover, Tel. 0800-624274744 (gratis!), info@ maharishiVeda.de

Bayern München: D-81504 München, Postfach 900451, Tel. 0049 89699310 (Uli Hoeneß)

GEWINNER DES MONATS JANUAR 2011:
RAINER LANGHANSWURST

Warum sich Dschungelcamp und Langhans fanden?
Ein Blödmann bleibt halt niemals lang allein.
Kaum ist er da, stellt sich der zweite ein.
Das ist das Schöne an den deutschen Landen.

Verstrickt in bunten Esoterik-Banden,
Tritt Langhans froh in Fremder Haufen rein.
Zu Volksverdummung sagt doch er nicht nein.
Er hat schon '68 nicht verstanden
Und weiß nun nicht, wofür man ihn besticht
Mit 50 000 aus den Portokassen.
Wer Geld hat, kann auch Langhans tanzen lassen.
Und Langhans lügt sich vor, er brauch' es nicht.

So zeigt ihn RTL als jenen Wicht,
Der RTL selbst ist: zwei trübste Tassen,
Die je des andern Hose runterlassen.
Wer keines hat, verliert ja kein Gesicht.

Auch hörte ich, er als Veganer habe
Verlangt, dass er nicht alles essen muss:
Nicht Ekelspinne, Made oder Schabe.

Da stell ich gerne eine Denkaufgabe:
Wer frisst kein Fleisch und doch den größten Stuss?
Ach Langhanswurst, du armer alter Knabe!

AN KOCK, SCHICK, PICK UND DICK!

Unter der Überschrift »Kirchen streiten über Predigt« war im *Kölner Stadtanzeiger* Erstaunliches zu lesen:

»Der Streit zwischen Pfarrer Kurt-Werner Pick und Weihbischof Klaus Dick... Stadtsuperintendent Karl Schick hat Weihbischof Dick zum klärenden Gespräch geladen... die Kritik von Dick an Pfarrer Pick sei in seinem Auftrage erfolgt... Er kenne den Brief an Pfarrer Pick nicht. Manfred Kock, Präses der Evangelischen Kirche, sagte im Hinblick auf den Brief von Dick an Pick, er verstehe die Aufregung von Pfarrer Pick über den Brief an Dick nicht. Dick ist zur Auseinandersetzung im Geist der Ökumene bereit, den Pick...«

Gebt's zu, Kock, Schick, Pick, Dick: Das war kein Zufall. Nein, diesen Coup habt ihr seit schätzungsweise vierzig Jahren haarklein vorbereitet, seit jenem Tag, da ihr der Existenz der je anderen drei gewahr wurdet. Gewahr zumal der in euch schlummernden konnotativen Hochpotenz – der Tatsache nämlich, dass nicht nur Dick auf englisch: Pimmel heißt, sondern Kock (eigentlich: Hahn) auch; und Pick zwar nicht, aber Prick dann – ebenfalls. Und »Präses« klingt ja sowieso verschärft nach...

Wie auch immer: Vielen Dank für soviel rheinisch-klerikalen Froh- und Hintersinn!

HADSCHI, *SPIEGEL ONLINE*!

»Religiöse, ethnische und kommunale Führer haben sich für eine Kampfpause in Falludscha ausgesprochen. Die Rebellen kündigten derweil an, drei japanische Geißeln freizulassen.« Fein; aber muss es nicht Geishas heißen? Und ist das noch Borderline-Jounalismus oder schon Dschihad?

Entscheide selbst!

»DAS IST ANTENNEN-HOLOCAUST!«

Im November 2011 wurde der 40jährige Holger »Superbirne« Apfel zum Vorsitzenden der NPD gewählt. Fürs höchste Amt empfohlen hatte er sich bereits als sächsischer Parteichef: Einmal brüllte er im Dresdner Landtag gegen eine Schweigeminute für die Opfer der Nazi-Diktatur, bezeichnete die alliierte Zerstörung Dresdens als »Bomben-Holocaust« und stampfte furzend aus dem Saal; seitdem gilt das einstmals simple Dickerchen als eleganter Hoffnungsträger. Ich wollte es genauer wissen und besuchte ihn und seine Familie in Dresden.

Noch am Zaun des ostentativ verminten Vorgartens deutet nichts auf einen Universalgelehrten. Die Schmiedeeisen sind in Schwarzrotgold gehalten, eine angekokelte Amerikafahne steckt im zertrampelten Krokusbeet. »Ausländer unt Juhden müßen drausen pleiben« steht in Handschrift auf einem Schild neben der Haustürklingel. Die freilich scheint nicht in Betrieb; offene Stromkabel züngeln aus der Wand, deren Putz großflächig bröckelt. Erregt klopfe ich an die milchgläserne Haustür.

Ein kleiner Junge öffnet. Man soll nicht päpstlicher sein als der Papst, aber nach befreitem Vaterland sieht dieses vielleicht dreijährige Kind mit seinen ketchupstarren Haaren und einem löchrigen Fetzen von Acrylpulli nur bedingt aus. Grüner Weichkot sickert aus der Windel auf die nackten Füße. Bevor ich nach Politpaps schicken kann, fällt das Wesen vor mir auf die Knie, schnuppert an meinen Schuhen und sagt: »Wuff, wuff, wuff! Grrrr…!«

Ogottogott.

Dann schreit es aus der Bruchbude: »Treten Sie ein, aber nicht die Tür, höhöh!« Und schon steht der gutgelaunte Hausherr vor mir. Braune Breitcordhose, orangefarbenes T-Shirt mit der Aufschrift »Wisconsin University«, darüber eine rosa Trainingsjacke. »Heil Himmler!«, brüllt er, »Heil Hitler! Und du, Bello, ab in die Stube!« Mit einem kräftigen Tritt gegen die Windel fegt der Parteivorsitzende seinen Sohn Richtung Wohnung und wuchtet seinen

Grußarm auf meine Schulter: »Erbwasserkopf und Schizophrenie, das ist nix zu machen. Der totale Gen-Holocaust! Möchten Sie was trinken? Wir haben nur Alcopops.«

»Gern.«

Hinter dem streng riechenden Revolutionär betrete ich die enge Küche. Pressspanhängeschränke, Kohleherd, vier grünbraune Seventies-Tapetenbahnen hängen von der schimmeligen Wand.

»Veruschka«, brummt der Nationale, »sag dem Zeitungsfritzen Tach und gib uns was.«

Ein toupiertes Blondie in gelbem Ganzkörperkostüm sitzt am Plaste-Küchentisch und pellt Kartoffeln.

»Tach«, haucht sie lebensmüde und muss nicht aufstehen, um zwei rote Flaschen aus dem Kühlschrank zu fingern. »Glas?«

Ihr Mann antwortet für mich: »Ne, lass ma'. Müssen wir nich' so viel spülen. Dieser ganze Haushaltsholocaust geht auf den Senkel! Übrigens könnsese haben. 6,99 mit Präser, ohne sieben, original Ukraine. Schreibense das bitte auch in Ihrem Journal!«

»Versprochen«, sage ich und suche vergebens nach einem Stuhl. »Aber danke. Dienst ist Dienst.« Beleidigt kleidet sich die Apfel wieder an, stampft auf den Kartoffeln herum, streicht den Brei auf die Wandschimmel und pappt die Tapeten drüber. Fachmännisch nickt mir Apfel zu: »Altes Hausmittel. Zieht die Feuchtigkeit blitzschnell«, halluziniert der Arier, öffnet den Kühlschrank, stellt dem knurrenden Filius ein Schälchen Chappi hin und setzt sich wieder auf seinen Stuhl – pfffffrrrrhhh! Ein Furzkissen, denke ich, was ein lustiges Politpaar!

»Wer war das?!« Apfel keift. Die Ehehure will etwas wie grinsen, da schallert ihr der Patriot aufs Maul. Bilanz: ein Schneidezahn weniger, ein mitplärrender Apfel junior mehr. »Mich ausgerechnet vorm Reporter lächerlich machen – der reinste Furzkissen-Holocaust! Aber egal, jetzt kommt Dart-Europameisterschaft. Am besten«, sabbert er und speichelt mir zweihundert Tröpfchen auf den Kehlkopf, »Sie kucken einfach mit. Verüschken, noch mal Pils und dann huschhusch auf die Pritsche. Und du, Bello, lass noch Chappi für morgen über!«

»Wuff, wuff, wuff! Grrrr ...!«

Hinter der streng duftenden Gelben betrete ich die gute Stube. Sie kommt mir enger vor als die Küche und fungiert sichtlich als Wohn-, Schlaf- und Sexareal der Apfels: Sieben zweireihig gestapelte Fernseher grenzen an die schiefe Couch, deren mit dem Reichsadler bestickte Tagesdecke sich im Deckenspiegel spiegelt. Und leider muss man sagen: leider spiegelt, denn so sind die Kackeflecken prima doppelt zu bestaunen.

Stinken tut es auch!

»In meiner Madenwanne bin ich Kapitän«: versiert menschenverachtende Zustände im offenen Wohnklo

»Haben Sie denn keine Toilette?«, frage ich den Systemfeind, während sein geheimnisvolles Hundkind durch meine Beine geradewegs hoch auf den Adler krabbelt und ihn in aller Ruhe vollpisst.

»He, Bello, nich'.« Mit ihrem immerhin schon dritten bis fünften Einsilber wischt die Apfel-Muse das undichte Körperchen vom Liebeslager, macht es sich darauf gemütlich und die Fernseher an – mit einer einzigen Fernbedienung! »Hab ich alle kurzgeschlossen!«, schnauft der nationale Demokrat und hakt sich kuschelnd unter. Als ihre Hand in seine Hose rutscht, schäme ich mich ein bißchen, wende mich ab und gucke nägelkauend Dart und Lokalnachrichten. Thema heute: Zwei Mitglieder einer sadopädophilen Neonazigruppe weinen bitterlich, weil der Stadtrat sich seit Jahren gegen eine steuerfinanzierte Clubetage im Dresdner Hygienemuseum sperrt; dann plötzlich: Schwarz.

Sendestörung!

»Aah! Gottverdammter Antennenholocaust!«, schreit es hinter mir. »Wahrscheinlich wieder dieser Monsun, dieser Mossad, diese Iwan-korrumpierte Wallstreet!«, ein regelrechter Anfall diesmal, »diese jüdischen Sat-Schüsseln hier auf diesem Scheißhaus!« Dann gibt es plötzlich Sex, die Pritsche quietscht und rumpelt kurz, Holger macht ah und oh, Veruschka fragt ihr »Fertig?«, und ich bin gerne Reporter, aber so ein Interview hab' ich selten erlebt.

Mitfühlend zähle ich bis drei, dann fällt mir endlich eine Spitzenfrage ein: »Hitler, Herr Abgeordneter Apfel, wird heute vorwiegend kritisch betrachtet. Was, glauben Sie, sind die Grün...«

»Schnauze, rote Sau!«

Mich umdrehen und den entblößten dicken Apfel wutschnaubend über mir sehen ist für bange zwei Sekunden eins, dann aber Glück im Unglück: Staubend bricht die nackerte Tonne durch die Dielen und verdrückt sich Richtung Keller, plumps. Holzdielenholocaust? Weit gefehlt: »Aaah! Typisch Bruchbuden-Shoah! Verüschken, tu was! Rette mich, oder ich schick dich in den Puff zurück! Auaaa!«

»Och«, macht die Geschwätzige, wirft sich den bekackten Reichsadler über, hüpft dem Deutschlandaktivisten hinterher und vermutlich auf ihn drauf: »Aua!«, höre ich erneut und »Das ist... Apfel-Genozid, du Stalinhexe! Hilfe! Völkermord! Polizei! Bello, komm endlich zu Herrchen! Und du, Reporter, schmeiß mal zwei Alcopops runter, wir bleiben hier, ist urgemütlich. Oder gibt's noch was zu fragen?«

Nein, denke ich und versinke im Anblick der Kakerlaken, die mit dem Dielenbruch ihr Nest verloren haben und nun tausendstark ausströmen. Der Kampf für Deutschland, denke ich, als ich später in die Küche gehe und allerlei Kartoffelbrei von meinem Mantel kratze, der Kampf für Deutschland ist eine gewiss abenteuerliche und doch auch bizarre Welt, eine, in die ich gerne schaue.

Auf der Straße riecht es nach überfahrenen Katzen.

ZUM WELTTAG DER FEUCHTGEBIETE

Jährlich am 2. Februar begehen die Vereinten Nationen den Welttag der Feuchtgebiete, und wie stets ermunterte auch in diesem Jahr Anada Tiega, der Vorsitzende der »Ramsar Konvention«, die Menschheit dazu, »am Internationalen Tag der Feuchtgebiete teilzunehmen an Aktionen, welche die Feuchtgebiete unterstützen, auf dass die Entscheidungsträger die Vorteile der Feuchtgebiete verstehen und fortfahren, das Bewusstsein der Bürger für die Bedeutung der Feuchtgebiete zu wecken«.

In der Tat ist es mehr als löblich, wenn die Vereinten Nationen sich für solcherart fragile Gebilde einsetzen. Denn auch und gerade in Deutschland gibt es unzählige Lebewesen, die ohne Feuchtgebiete nur sehr schwer oder gar nicht existieren können. Meist sind es eher primitive oder, wie man heute wertfreier sagt, basale Lebensformen bis hin zu Einzellern, die sich in diesen Arealen tummeln und zuhause fühlen. Aber auch kompaktere Wesen wie Lurche, Molche, Kröten und andere Liebhaber seichter Gefilde sind auf Feuchtgebiete absolut angewiesen.

Gefordert sind vor allem auch die Schulen. Kinder begreifen in aller Regel noch nicht die Tragweite und Bedeutung der Feuchtgebiete, und die Feuchtgebiete ihrerseits tun wenig, es ihnen zu erleichtern. Es mag ja sein, dass man in ihnen lesen kann wie in einem Buch, allerdings wird es bereits nach zwei Seiten extrem langweilig, die Handlung lässt zu wünschen übrig, vom Personal zu schweigen. Vielleicht sollten die Vereinten Nationen dieses einzigartige Biotop einfach vergraben, um es vor der aufdringlichen Menschheit zu schützen. Und andere Welttage ausrufen. Den Welttag der Schoßgebete oder besser Buddenbrooks; es muss ja nicht immer die Fernsehnudel sein. Oder den der »Komischen Deutschen«. Das ist zwar gleichfalls ein schreckliches Buch, aber immerhin von mir.

Es war einmal in bettelarmer Zeit, da begab sich ein langer langer Müllerssohn auf die Suche nach einem fahrenden Schuster, denn der Winter war grimmig kalt und das Schuhwerk des Müllerssohns gebrochen und schadhaft an mancherlei Stellen. Als er sieben Tage und Nächte vergeblich gelaufen war, gelangte er an ein reißendes Gewässer und setzte sich, wie ihn sein Vater gelehrt hatte, welcher ein Müller mit dem unglücklichen Namen Schneider gewesen, im Schneidersitz auf den Boden, schloss die Augen und wartete.

Nachdem er auf diese Weise weitere sieben Tage und Nächte gesessen hatte, kam der heilige Martin auf seinem Rosse des Wegs, und als er den Müllerssohn so vollkommen regungslos im Schneidersitz verharren sah, war er bald überzeugt, dass der Fremde kein anderer als Buddha sein mochte. Mit einem einzigen Hieb seines mächtigen Schwertes wollte er dem Ungläubigen den Kopf vom Rumpfe schlagen, denn er war ein guter Christ und frommer Diener seines Herrn, und also ließ er seine Waffe sprechen.

Nun war aber der Müllerssohn, welcher den unpassenden Namen Benjamin der Grausame trug, von all der Entbehrung schwach und müde geworden, und so fiel sein Rücken gerade in dem Augenblick zu Boden, als das Schwert mit einem Sausen die Luft durchschnitt. »Sssuuuii!«, machte das tödliche Eisen, und das Sausen war so gewaltig, dass der Grausame gleich wieder erwachte, die lieben Augen öffnete und sprach:

»Du musst St. Martin sein, denn du besitzest ein Schwert, ein warmes Herz und einen Mantel für zwei. Doch wer bin ich?« Es war nämlich der Grausame ein so milder wie autoritärer Charakter, welcher der Herrschaft Fragen und Begehr zwanghaft zu den seinen machte, vgl. Adorno, Frankfurt 1973.

»Ich bin Buddha«, sprach Martin, indem er sich von der Verwirrung des anderen befeuern ließ, und mit einem Hieb seines mächtigen Schwertes wollte der Heilige seinen eigenen Kopf vom Rumpfe trennen, denn er war ein guter Christ und frommer Diener seines

Herrn. Mit aller Kraft holte er aus, sich zu entleiben, doch unterdessen hatte der lange Müllerssohn sich wieder aufgerichtet, und so kam es, dass das Schwert nicht den heiligen St. Martin, sondern eben jenen zwischen Kopf und Rumpf traf und beide voneinander trennte, und wenn sie nicht gestorben sind, dann sterben sie noch heute. Das Märchen geht indes noch weiter, denn kaum war dem heiligen Martin inne geworden, dass Dummheit und Missgeschick ihn vor dem sicheren Tode bewahrt hatten, vollführte er einen Freudentanz und lobte Gott in den höchsten Tönen.

Nun lebte aber in einem nahegelegenen Walde am Grunde eines finstren Hexenteichs ein so vollkommen böser Grottenolm und Tyrann, dass auch die gar mächtige und schöne Waldi die Waldfee bereits vor vielen vielen Jahren Reißaus genommen und ans Ufer eines anderen Gewässers umgesiedelt war – jenes Gewässers, an dem der heilige Martin gerade seinen gottgerechten Tanz aufführte, als aber die Waldfee zu ihm hinflog und sprach:

»Wahrlich, ich sage euch: Eher geht ein Kamel durch ein Nadelöhr, als dass dieser Winter nicht grimmig kalt ist, und selig, wer mir seinen Mantel überlässt.« Da ging der heilige Martin hin und tat wie erbeten, worauf ihn so sehr fror, dass er der Fee den Mantel gleich wieder entriss und umgekehrt. So ging es viele Stunden hin und her, bis Martin der köperlichen Reize der Fee gewahr wurde. »Sköne Oke! Sköne Oke!«, rief er und wähnte sich nun sicher, dass die Gelobte sich erkenntlich zeigen und ihm den Mantel überlassen werde.

Es war aber die Fee, was sie selbst längst vergessen hatte, ein verhexter Höhlenbär. Mit einem herzhaften Haps verschlang er den armen St. Martin, der jedoch ebenfalls nicht der Heilige selbst, sondern der verfluchte Hansi Hinterseer war, welcher im Inneren des Höhlenbären zu einem letzten neuen Leben kam und augenblicklich nicht nur teuflisch rumpelte und lärmte, sondern lauthals trällerte: »Rück a bisserl zu mir rüber!!« und »Schöne Mädchen sind zum Küssen da!!!!« Blöd: Auch der Höhlenbär war in seiner Kindheit einst verflucht worden und ursprünglich jener Müllerssohn gewesen, und weil er, der Höhlenbär, an Hinterseers Gesang von einer zur anderen Sekunde unter schrecklichen Qualen verstarb – wie übrigens auch der Hinterseer, dessen Todeskampf aber, wie alle Quellen einhellig versichern, im Darm des toten Höhlenbären noch mehrere Tage, ja Monate andauerte und blühte –, ward der mächtige Zauber also gelöst, und der geköpfte Müllerssohn stand von den Toten auf, erhob sich und setzte, als sei nichts geschehen, die Suche nach einem fahrenden Schuster fort. So war am Ende, wie so oft, niemandem geholfen.

AUFMARSCH DER SPITZENWEIBER

Alan Parkers Verfilmung von Andrew Lloyd Webbers Erfolgsmusical
»Evita«: Hat sie uns nicht alle verzaubert? Wie traumhaft der Stoff!
Wie traumhaft der Film! Wie traumhaft Madonna! Und mehr noch
als die (erstklassigen) Leistungen der Schauspieler, mehr auch als das
(einschläfernde) Dauersingen der Massenchöre stimmte bei »Evita« das
Maßgebliche: die Story. Geschrieben wurde sie vom spannenden und
wilden, leider viel zu kurzen Leben der Eva Duarte.

Im argentinischen Hinterland geboren, zieht die Fünfzehnjährige als Schnulzensängerin nach Buenos Aires, fällt auf, schläft sich hoch und lernt im Jahre 1944 Oberst Juan Perón kennen, den später gewählten Diktator und Bewunderer Francos und Mussolinis. An seiner Seite wird Eva zu »Evita«, zur stets brillantbehangenen Mutter aller Argentinier. Sie gründet Zufluchtsheime für geschlagene Dienstmädchen und redet den Angehörigen »Verschwundener« gut zu. Sie lässt sich in die Armenviertel tragen und erklärt den Hungernden, wie man eine Brosche wienert. Sie tupft Gefolterten den

Schweiß von der Stirn, sobald ihr Ehemann mal eine rauchen geht. Und werden die Elektroschocks zu »hart«, singt sie den Gemarterten auch schon mal einen Schlager. Vor allem aber, und dies zeigt der Film in gebotener Langatmigkeit, beschämt sie Abertausende ihrer pittoresk verlumpten Untertanen mit großzügigen Geschenken: Hemden sind es, Hosen, Kochtöpfe, teils mit Untersetzer.

Dann kommt der Krebs. Ein tödlicher. Evita zieht sich zurück – und erscheint doch, kurz vor ihrem Ende, noch einmal auf dem Balkon des Regierungspalasts. Hier, an ihrem letzten Abend, zelebriert die 33-jährige ihr Lied. »Don't Cry for Me, Argentina«. Dann wendet sie sich ab und geht. Für immer. Zu ihren Füßen weint ein Volk. THE END.

Aber wo Trauer ist, wächst das Tröstende auch. Im Taumel der Evita-Euphorie gelang es bekannten deutschen Regisseuren, bei den Produzenten Geld für ähnliche Projekte locker zu machen. Schon kurz nach »Evita« kam Werner Herzogs Filmepos »Imelda« in die Kinos. Mit grandiosen Einstellungen zeichnete der Altmeister opulenter Bildkomposition das große Herz jener Mama aller Philippinos, die stets mildernd auf die Launen ihres impulsiven Mannes Ferdinand Marcos einwirkte. Unvergesslich jene typisch Herzog-

sche Sequenz, die Imelda (glaubwürdig: Gudrun Landgrebe) beim Shopping in Manila City zeigt: In nur dreißig Minuten gelingt es ihr, zehntausend Paar Lackschuhe in nur fünfzehn Shops zu kaufen. Und sie verschenkt gleich zwanzig wieder, samt fußgerechten Mooseinlagen und überdies passenden Handtäschchen.

Spektakulär auch das Finale: Während Diktator Marcos von Intriganten aus dem Amt vertrieben wird, zieht Imelda ihren kleinsten Schuhschrank (zehn mal zwanzig Meter) über einen Berg, schlüpft hinein und liebkost stumm, fast wie in Trance, noch einmal ihre Lieblingspumps. Dann beginnt sie zu summen: »You are the sunshine of my life.« Sehenswert ist gar kein Ausdruck.

Til ist Silber, Schweiger ist Gold: Auf diese Formel ließ sich auch der Diven-Hammer des routinierten Regie-Beaus bringen. Für die Biennale avisiert, entwickelte »Margot« (in der Rolle ihres Lebens: Maria Furtwängler) Spannung und Dramatik allein aus der gestischen und dialogischen Intensität, mit der Schweiger die psychischen Konturen der einstigen Volksbildungsministerin und Muse Erich Honeckers nachzeichnet. Langsam, wie suchend fährt die Kamera durch Honeckers schwach ausgeleuchtetes Zuhause und bleibt dann stets an Margot hängen: wie sie Schrankwände wachst, ihrem Gatten

Muckefuck nachschenkt und, hier wechselt der Film beiläufig ins Schwarzweiß, bei einer Jugendweihe überstehende Ohren abschneidet – mehr von dem, was man »Geschehen« nennt, gibt es nicht und wäre störend.

Nicht als *choc* bricht die Verhaftung des Utopisten in diese Welt einer positiv gewendeten geschlossenen Gesellschaft: Sie beendet nur beider »Komunikation« (Habermas), sorgt für irritierende Stille, weiter nichts. Und doch hat Margot alles verloren: ihr Gegenüber und damit sich selbst. Am Ende reißt, sublimes pars pro toto, Margots selbstgenähte Wohnzimmergardine. Und mit den Lippen, fast unhörbar für das vor der Wandlitzer Datscha flennende Volk, formt die Legende ihr Lied: »Kam ein kleiner Teddybär / aus dem Spielzeuglande her. / Bummi, bummi, bummi, brumm.«

Dass ein Temperament wie Doris Dörrie selbst der Geschichte der einstigen Grande Dame Schleswig-Holsteins noch allerlei Bizarres würde zu entlocken wissen, ließ schon das Skript erahnen: In Beedenbostel nahe Celle aufgewachsen, besteht Freya (steinerweichend: Hannelore Elsner) 1972 den Führerschein und macht schon ein Jahr später eine Spritztour nach Hannover. Anschließend fährt sie wieder heim, brettert unterwegs voll gegen eine Ampel, krabbelt ohne Beine aus dem Wrack und schleppt sich in ein Hankensbütteler Stehbistro, wo sie den umschwärmten Jungdiktator Uwe Barschel kennenlernt. Die zwei verputzen Robbenbabys, das junge Blut spritzt klatschend in die Mayonnaiseeimer, man gibt sich impulsiv das Ja-Wort. Dank Freya wird Uwe zum unbestrittenen Herrscher über den deutschen Norden; Sodomiten, Bischöfe und Tierversuchslaborbesitzer geben sich in Barschels schimmeligem Bauernhaus die Klinke in die Hand.

Visionärer Showdown: Der bigotte Synchronschwimmlehrer Engholm (SPD) ersäuft Diktator Barschel in der Wanne, zerkleinert ihn und verkauft die Happen als Brühwürfel an die Bahnhofsmission, während Freya ihren Schminktisch ordnet und hysterisch vor sich hin kreischt: »Pack die Badehose

ein!« Verständlich, dass die Filmförderung NRW rund zweihundert Billiarden Euro zuschoss. Ein Must nicht nur für Dörrie-Fans.

Von 1971 bis 1979 währte die Regierungszeit Idi Amins. Fünf Jahre war er Oberbefehlshaber der Armee, bevor er sich dann überraschend eine neue Hauptfrau kaufte: jene Ida, die sofort zur mythisch verehrten First Lady Ugandas avancierte. Tom Tykwers gleichnamiger Film, an Originalschauplätzen gedreht, hantierte mit den bewährten Horrorelementen, blieb aber in jedem Moment der Wahrheit verpflichtet. Die Schlüsselszene spielt auf dem Wochenmarkt in Kampala: Rund hunderttausend Oppositionelle stehen vor nur sieben Galgen Schlange, ihr erzwungenes Warten zermürbt auch den Zuschauer, da stößt Ida hinzu (im Lendenschurz: Christiane Hörbiger) und verspricht den Hinterbliebenen in spe kostenlose Kokosnussrationen! Der losbrechende Jubel zieht auch die Todgeweihten in seinen Bann, es kommt zu den berühmten, mit subjektiver Kamera gefilmten »Massentänzen vor dem Galgenbaum«. Sie münden im wohl bewegendsten Schwarzenchor der Horrorfilmgeschichte: »Hunderttausend Negerlein,/die fürchten diesen Ort,/doch da erscheint Miss Ida fein,/und alle Angst ist weg« (Text und Musik: Bushido). Tragisch dann das Ende: 1986 marschieren tansanische Truppen in Uganda ein und zwingen Idi und Ida ins Exil.

Seit seinem »Unhold« steht der Name Volker Schlöndorff für den Versuch, das Spannungsverhältnis zwischen objektiver Katastrophe und subjektivem Spaß an der Freude auszuloten. Warum, fragte Schlöndorff in seinem legendären Zweiteiler »Elena«, warum verehrten die Rumänen die Ehefrau des Nicolae Ceausescu erst so spät als göttergleiche Glücksfee? Die Antwort: Es war die Spezifik ihres Aufstiegs. Mithilfe teils monumentaler Inszenierung (über sechstausend Statisten), teils smoov montierter Archivaufnahmen zeigte der präzis erzählte Film, wie Elena, geboren als Dracula-Gehilfin in der Walachei, bereits mit achtzehn Jahren die Wahl zur »Scharteke des Jahres« gewinnt. 1974 zwingt sie den Staatsratspräsidenten, sie zu heiraten und zur Bevollmächtigten seiner Pornosammlung zu machen. Dem moskaukritischen Marxisten bleibt nichts anderes übrig, so sehr wird Elena (noch unsympathischer: Iris Berben) vom Volk inzwischen dafür geliebt, dass sie in besonders harten Wintern zwar Streichhölzer en masse verschenkt, aber die erforderlichen Rei-

beflächen zu Höchstpreisen versteigert. In eben diesen Schweinereien, das macht Schlöndorff deutlich, erkennt der Rumäne als solcher sich selbst. Bevor das Ehepaar dann viel zu früh erschossen wird, präsentiert sich Elena am 25.12. 86 ein letztes Mal im Foyer der Bukarester Securitate, holt Luft und krächzt ihr Lied: »I gave you all my love.« Wohl *der* Historienschinken des Jahres.

»Ach Mütterchen, hast auch für den armen alten Grischa noch ein Wodkapröbchen!« So hört man es täglich tausendfach im rebellischen Moskau, seitdem Putins Frau Babuschka in diesem Frühjahr das Arbeits- und Sozialministerium übernahm und es sich zur Hauptaufgabe macht, alle Demonstranten eigenhändig mit Mineral- und Aufbaustoffen zu versorgen. Jeden Morgen kauft sie fünfzig Fässer der diversen Panschgrade, verteilt sie gläschenweise und no-

tiert penibel, welche Wässerchen am besten ankommen. Kein Wunder also, dass Henckel von Donnersmarcks gegenwärtig gedrehter Dokumentarfilm »Babuschkas Liste« (in Frauenkleidern: Ben Becker) einen neuen Welterfolg plazieren wird. Der Titelsong »Nastrowje Wom« (Sony) ist jedenfalls schon jetzt ein Hammer.

Dass dergleichen auch Oliver Hirschbiegel gelingt, darf bezweifelt werden. Vom Stoff her mag sein Melodrama »Eva« zwar das Zeug zum Auftakthammer einer neuen SAT.1-German-Classics haben; ob aber Arabella Kiesbauer in der Rolle der still grüblerischen Hitlergattin so recht nach dem Geschmack von alten Nazis sein wird, muss man wohl erst noch gucken. Hirschbiegel gibt sich optimistisch: »Wir vertrauen ganz auf Arabellas Farbe.« Ogottogott.

Da bleibt nurmehr zu hoffen, dass auch Veronica Ferres nicht mehr länger zögert, die Titelrolle in Helmut Dietls für den Winter angepeiltes Alterswerk »Angela« zu übernehmen. »Wenn Vroni ablehnt«, hofft der Filmemacher, »fang ich mit dem Scheiß erst gar nicht an.«

GEWINNERIN DES MONATS
JULI 2011: ANGELA MERKEL

Krauss-Maffei, Wegmann, Rheinmetall:
Der deutsche Rüstungsschweinestall
Ist geil auf Geld und Gaudis.

Man hört, zweihundert Panzer gehn
Dank ihr bald nach Arabien,
C/o die lieben Saudis.

Zur Rebellion sagt sie nicht nein.
Nur überrollt soll sie halt sein.

ES WAR EINMAL IN AMERIKA

Guten Tag; das muss genügen.
Denn so wahr ich Merkel heiße:

Sie betrügen, täuschen, lügen,
Seh'n doof aus, und diese Scheiße,
Dass Sie Dümmster aller Dummen
Darwin in die Hölle treten:
Ich muss kotzen, wenn Sie beten,
Und bin froh, wenn Sie verstummen.

Sie erwarten einen Knickser
Und dass ich von all dem schweige?
Hörnse zu, Sie falscher Wichser,
Sie Melange aus Arsch und Geige:
Guantanamo muss schließen.
Wenn Sie's nicht bis morgen tun,
Werd' ich Sie werweiß erschießen
Und gewiss nicht eher ruhn,
Bis Sie den Skandal beheben,
Alles klar, Männeken Pis?

Was wie Sie dürft's echt nicht geben,
So, mein Flieger wartet, tschüss.

UND IHR, »JESUS-FREAKS«,

veranstaltet in allerlei deutschen Städten regelmäßige »Jesus Freaks Abhängabende«, und das mag ja eine Weile lang Spaß machen. Aber wie kriegt ihr eigentlich diese blöden Nägel wieder raus?

DU ABER, FA. HYUNDAI,

nennst eines Deiner neuen Autos doch nur deshalb »Hyundai Getz«, um die eh angeschlagene Blaumannkonkurrenz aus Kohlenpott/Westfalen mittels Endlosdialogen vollends auszuknocken und von der Arbeit abzuhalten, ja in Schlägerein zu zwingen:

»Hömma, Willy, happm neues Auto.«

»Echt getz? Boah! Watn für ein?«

»'n Hyundai Getz.«

»Woll, hasse gesacht. Aber watn getz für ein?«

»Sachich doch! 'n Hyundai Getz!«

»Hömma, boah, okay, has getz 'n Hyundai, Willy. Aber watn getz für ein?«

»Wie watn getz für ein? Bisse getz Blödkopp oder wat?! Hab getz 'n Hyundai Getz!«

»Hömma, verarschen odder wat getz?«

»Wie verarschen? Fresse odder wat?« ... –

Respekt!

Promiservice Psychoanalyse
WAS TRAUMBILDER WIRKLICH BEDEUTEN

Träume, sagt die Psychologie, sind ein Seelenfensterchen, durch das die anderen Leute oft viel besser gucken können als wir selbst. Und so war das Echo groß, als ich prominenten Deutschen anbot, ihre Träume zu analysieren. Weit über sieben Angeschriebene fotografierten ihre eindrucksvollsten Nachtgesichte und mailten sie mir zu, selbstredend mit der Bitte um Anonymisierung. Also ersetzte ich die Klarnamen durch bizarre Phantasielautgebilde und strich sie zusätzlich von vorn bis hinten durch:

CHRISTIAN WULFF: Es war ein furchtbarer Alptraum. Viele Menschen standen direkt vor mir und starrten mich stumm an. Einige hatten sogar Blumen in der Hand, eine Frau war die Braut. Ich bin dann völlig verschwitzt aufgewacht. Ende ich vielleicht als Hochzeitsfotograf?

Ganz ausschließen lässt sich so etwas nie. Aber Vorsicht: Nur etwa 0,003 Prozent der Ex-Bundespräsidenten über fünfundvierzig sind wirklich Hochzeitsfotografen. Ihr Traum sagt Ihnen, dass Sie es entweder bald sind, werden möchten oder auf gar keinen Fall.

PHILIPP RÖSLER: Beinahe jede Nacht träume ich, ich bin zwei Eisenstangen, an denen zehn Schlipse hängen, oben fünf und unten
fünf. Es sind sehr schöne Schlipse, besonders in der oberen Reihe
der vierte von links. Trotzdem fände ich es gut, wenn auch mal andere Schlipse an mir hängen würden. Leider habe ich als Eisenstange keinen Einfluss auf die Modellauswahl. Ob ich meine Mutter liebe?

*Naja, es geht so. Sie sind nämlich nicht die Eisenstangen, sondern die
Schlipse. Und der oberen Eisenstange (Ihrer Mutter) nehmen Sie übel,
dass sie der unteren (Ihrem Vater) zum Verwechseln ähnlich sieht. Darum können Sie sich nicht recht entscheiden, »hängen« an beiden. In
die Pubertät kommen Sie so bestimmt nicht.*

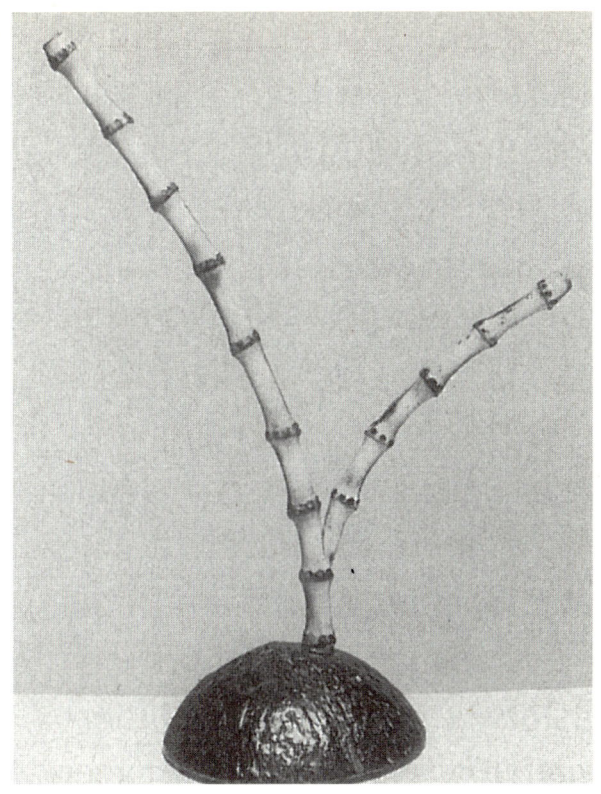

: Mir träumte von einer Kokosnussschale, aus der zwei krumme Hölzer gucken. Möchte ich im Innersten vielleicht auf die Bahamas? Oder leide ich unter Penissymbolen?

Beides. Aber was viel wichtiger ist: Sie sollten zu Ihrer Partnerin auch mal nett sein. Sie empfinden sich ja selbst als ausgesprochen »hölzern«, teils gar »krumm«, und das ist doch wirklich schale, äh, schade.

CLAUDIA ROTH: Ich war mit dem jungen Jürgen Trittin im Wald. Plötzlich versperrte uns ein blauer Stuhl den Weg. Ich hatte ein Gewehr dabei, damit wollte ich den Stuhl erschießen, aber irgendwie ging das nicht richtig. Steht der Stuhl für repressive Sexualmoral, protestantische Ethik und sowas? Das wäre doch ärgerlich!

So heikel ist es zum Glück nicht. Jeder von uns träumt von Waldspaziergängen mit Herrn Trittin und einem blauen Wegversperrstuhl, den wir dann erschießen wollen, aber nicht treffen. Denn wollen wir ihn wirklich treffen? Nein! Treffen wollen wir Jürgen – und dann mit ihm in den Wald gehen.

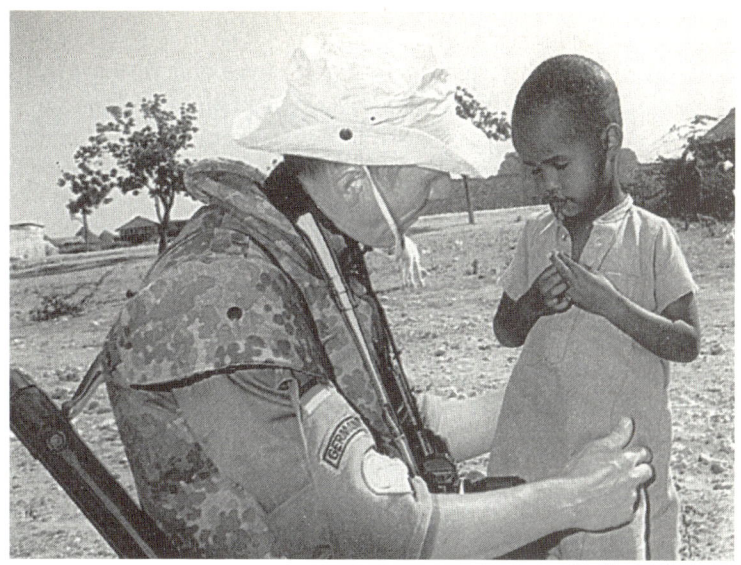

STEFAN MAPPUS: Deutschland war auf Friedensmission in Afrika, ich war eingezogen worden und erklärte einem kleinen Neger, dass ich ihn wegen Falschparkens erschießen müsse. Der Neger wollte aber nicht, fing sogar ein bisschen an zu weinen. Halte ich Andershäutige denn generell für feige?

Sie leiden in der Tat unter Vorurteilen. Im Traum verstecken Sie ja sogar Ihr Gewehr, als wäre es Ihnen irgendwie peinlich. Statt dessen knabbeln Sie verlegen an dem Mohren herum, als wollten Sie ihn auf der Stelle missbrauchen – natürlich eine typische Übersprungshandlung.

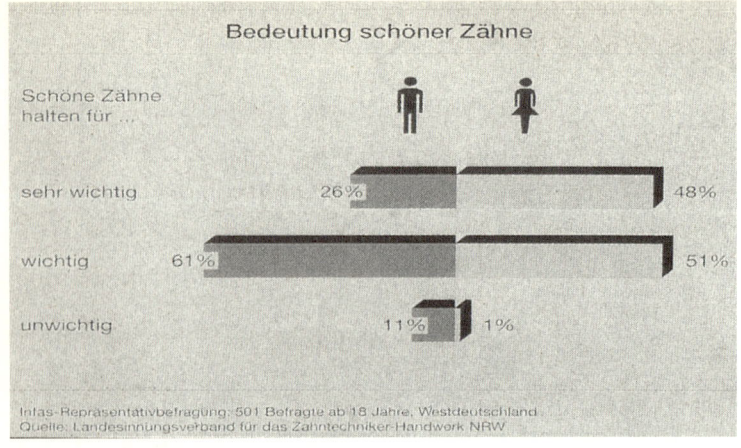

Bedeutung schöner Zähne

Schöne Zähne halten für ...

	Männer	Frauen
sehr wichtig	26%	48%
wichtig	61%	51%
unwichtig	11%	1%

Infas-Repräsentativbefragung: 501 Befragte ab 18 Jahre, Westdeutschland
Quelle: Landesinnungsverband für das Zahntechniker-Handwerk NRW

~~ANGELA MERKEL~~: Ich träumte, ich wäre ein Umfrageergebnis bzgl. der Bedeutung schöner Zähne, und zwar der Balken »Männer/ unwichtig« (11 Prozent). Zähne zählen ja laut Freud zu den Beißwerkzeugen. Halte ich sie denn für unwichtiger als das erdrückende Gros der Bevölkerung?

Aber nein. Alle in Träumen vorkommenden Personen oder Balken stehen für uns selbst, und das heißt: Sie kommen, wenn man die Frauenbalken mitberücksichtigt, auf 200 Prozent, sind somit eine ausgesprochene Zahnfreundin. Interessanter erscheint mir allerdings das Kleingedruckte: Sie träumten von exakt 501 befragten Westdeutschen, sind aber Ossi. Wahrscheinlich sind Sie mit den neuen Herren unzufrieden.

JOHANNES HEESTERS: Es war gar kein Traum, sondern echt: Ich trat vor den Erlöser, Gottvater und Gottsohn standen vor der Bimmelssparte und hießen mich willkommen. Neben ihnen türmten sich Berge aus purem Gold. Ich glaube, ich bin hier sehr glücklich.

In Wahrheit sind Sie sehr kurzsichtig. Willkommen hießen Sie zwei gewöhnliche Tirolerinnen, im übrigen vor der Himmelspforte (1780 m). Entsprechend waren die Berge aus ordinärem Fels. Der Zeigestock unterstreicht, wie dringend Sie zum Sehtest sollten.

ERIKA STEINBACH: Wir waren frisch vertrieben, hatten uns zur Feier der neuen Tapeten fein angezogen, gaben uns die Hände und postierten uns vor die Couch. Dabei hatte ich den Eindruck, mein Hut sähe aus wie ein überziehfertiges Kondom, und jetzt frage ich mich halt schon, ob ich in Zukunft besser verhüten soll. Aber was?

Dass Sie ein Kondom für Ihren Hut halten, ist aber auch nicht normal! Dazu passt, dass Sie sich und Ihren Eltern unbewusst die Füße abgeschnitten haben. Offenbar hat »untenrum« für Sie was Schmutziges.

HÄUFIGE TRAUMINHALTE:
VON SCHWÄNZEN UND VÖGELN

Träume von Schwänzen beweisen, dass jemand in der Schule oft gefehlt hat. In der von Sigmund Freud entwickelten Psychoanalyse gilt gerade der männliche Schwanz als eine Art Phallussymbol (»Penis«), der nicht unentschuldigt fehlen darf und dessen völliges Fehlen sogar die Versetzung gefährden kann. Vögeln gegenüber ist unser Verhältnis weniger ambivalent. Es sind sympathische kleine Geschöpfe, und vielen Menschen macht es Spaß, ihnen dabei zuzugucken. Wie auch immer Traumsequenzen mit Vögeln aussehen: Sie sind die sichtbare Verkörperung unserer individuellen Erfahrung mit Vögeln. Überlegen Sie mal, wie Sie Vögeln im Traum erlebt haben. Welche Spannweite hatten sie? Waren sie klein oder groß? Füllig oder dünn? Ihr Traum sagt Ihnen, wie Sie wirklich zu Vögeln stehen. Falls in Ihren Träumen überhaupt keine Vögeln vorkommen, haben Sie vielleicht Angst vor Vögeln, sollten es mit Schafen versuchen.

Vermutlich zu Lebzeiten schrieb der leider mausetote Philosoph und Ethnologe Pierre Bourdieu ein Buch über die kabylische Gesellschaft, und darum weiß ich, dass kabylische junge Männer, wenn sie sich schon ziemlich stark fühlen, auf den Dorfplatz gehen, die Arme vor der Brust verschränken, den linken Fuß nach Süden ausrichten und sagen: »Auch ich habe jetzt einen Schnurrbart!« Viel bringen und die machtgewohnten Alten bangemachen tut das eher nicht. »Die Barthaare des Hasen sind nicht so lang wie die des Löwen«, antworten die gewitzten Großväter den frechen Enkeln, indem sie mit den Ohren wackeln und drei Zapfen Speichel aus den Lefzen stalaktiten lassen – eine recht subtile Kasuistik oder jedenfalls gemeine Art, ihre tatterigen Borstenköpfe auch weiterhin in die erste Reihe zu halten, abends beim Feuer zum Beispiel, wo die Jungen sich seit mindestens fünf Jahren supergenervt angucken, wenn die ollen Greise wieder mal graupensuppengraue Kabylkamellen und Mythen runterrezitieren und im nur mittel schillernden heimischen Legendenschatz herumpanschen, bis alle Kabylesen unter siebzig eingeschlafen sind und von Las Vegas träumen.

Schönes, armes, zwiespältiges Kabylien!

In prowestlichen Gemeinwesen hingegen, der aufmerksame Leser ahnt es, ist es umgekehrt. Hier gehen junge Männer, kaum steht die Sonne hinter den Bergen, zusammen mit ihrer Freundin und ihrer Schwester in die Kneipe und setzen sich an einen Tisch, wobei sie darauf achten, dass die undichte Haustür sich nicht in ihrem Rücken befindet, zumal im Winter. Während die Frauen neueste Schnittmuster austauschen, hebt der junge Mann die rechte Hand und reckt Daumen, Zeige- und Mittelfinger in die Luft, während die Kuppen des kleinen und des Ringfingers zur Handinnenfläche zeigen.

Kurz darauf stellt eine dritte junge Frau mit schwarzen Haaren und langer Hose unterm weißen Lendenschurz drei Biere auf den Tisch und spricht: »Möchten Sie die Speisekarte?« An diesem Punkt macht die der Freundin untergeordnete Schwester ersten Grades eine abwehrende Geste, während der Mann in sein Jackett greift, dort etwas herausholt, vor sich auf den Tisch legt, beide Arme vor der Brust verschränkt, den linken Fuß nach Süden ausrichtet und sagt:

»Bitte hergucken, meine Damen, auch ich habe jetzt ein Smartphone, das bedeutet, ich kann mobil im Internet surfen und gleichzeitig Textnachrichten, sogenannte Kurzmitteilungen, verschicken und empfangen!« Nach dieser Ansprache piepst das Gerät tatsächlich, und auf seinem Display erscheint der Text »Sie haben 1 Kurzmit. erhalten«.

»Na seht ihr!«, ruft der überraschte Mann den beiden Frauen zu. »Wie ich euch gesagt habe!« Dann steht er auf und liest die empfangene Nachricht in stolzer Erregung laut vor, damit auch die übrigen Anwesenden es gut und deutlich hören können:

»Hey ho, du supergeiler Ochse mit dem Ochsenpenis! Bin um 15 Uhr am Hbf, bis gleich!! Stefan.«

Nach diesen Worten nimmt der junge Mann eilig wieder Platz und spricht einige Vokabeln der Wortfelder »Idiot, Nummer verwechselt, Stefan kenn' ich ehrlich keinen« usw., während seine Freundin und seine Schwester sich reziprok still in die Augen bohren, bis nach etwa zwanzig Sekunden die Vokabel »Doppelleben« fällt.

»Das Wort«, sagt der Kabylese, »ist wie eine Gewehrkugel: Es kehrt nicht zurück.« Dies trifft auch für prowestliche Gemeinwesen zu.

WENN ABSCHIED ZU SEHR WEHTUT

Keinen Trost gibt's nie und nimmer,
Wiegt das Leid auch noch so schwer –
Gott ist tot. Und vielmal schlimmer:
Schumi sprach: »Ich will nicht mehr.«

War mit sieben schon ein Seller!
Sauste Go-Cart wie ein Blitz!
Von Geburt an besser, schneller,
Sieger! Aah! Champagner, spritz!

Nächstes Rennen: Pole-Position!
Wrumm und rroarr und hui und krach!
Schampus spritzt mit super Zischen.
Was ein affengeiler Tach!

Nächstes Rennen: Öttelöttel!
Wie der Wind huihui und brumm!
In der Hose Freudenköttel!
Und wer Schampus *trinkt*, ist dumm.

Nächstes Rennen: Crashkaskaden!
Publikum zum Teil verreckt.
Zack! durch Kurven, brrööhh! durch Geraden –
Erster, heißa! Spritze, Sekt!

Nächstes Rennen: Wieder besser
Wie die andern! Hinten knallt's.
Einsam vorn: der Gegnerfresser!
Schampus, spritz! Und Gott erhalt's!

Nächstes Rennen: Wie durch Butter
Gleitet Schumi! Sieg ist heiß!
Schamgebückt simst ihm die Mutter:
»Hör' halt uff mit diesem Scheiß« –

Letztes Rennen: Frenzen Zweiter.
Schampus spritzt! Der Sieg ist sein'!
Er hört auf – –
Dann fährt er weiter.
Brrooaamm.
Auf ewig.
So ist's fein.

ASCHAFFENBURG STIRBT
Wie die unterfränkische Stadt von einem wahnsinnigen Auto-
verkäufer vollständig vernichtet und erwürgt wird

Mehr als alle anderen Flussregionen Deutschlands, Europas und Ame-
rikas zeichnet die des mittleren Mains sich aus durch lückenlos gereih-
tes Unglück, Elend und Verkommen. Vom sogenannten Finanzzen-
trum Frankfurt, welches natürlich ein Zentrum der geldhandelnden
Diebe und Mörder ist, die den ganzen Tag lang Arbeitsplätze, Nah-
rungsmittel und überhaupt alles Leben auf brutale Weise zerstören und
sich aus diesem Grunde selbst und einander so stark hassen, dass sie
nachts zu den wütendsten Huren gleiten in ihren hausgroßen Auto-
modellen und lächerlichen Maßanzügen und sich Peperoni in den
Anus stopfen und windelweich verhauen lassen für ein Hundertstel der
dreihunderttausend Euro, die sie, einer wie der andere, sich halbstünd-
lich zustecken und einstecken in ihrer bullterrierdumpfen Habsuchts-
idiotie, sind es fünfzig wahrhaft fürchterliche Kilometer bis Aschaffenburg. Auf dem Wege dorthin liegen Offenbach und Hanau, zwei
unerträgliche Mittelstädte, über die es nicht das Geringste zu sagen gibt
und die ich also nur erwähne, um die Trostlosigkeit dieser Flussregion
wie übrigens des gesamten Maintals zu bekräftigen. Denn anders als in
den Tälern der Donau oder der südlichen Mosel und Emscher gibt es
im Maintal bekanntlich keine einzige schöne oder auch nur nichthäss-
liche Stelle. Alles in diesem Weltteil ist hässlich, schlimm und falsch.
Tosend lärmende Industrieverladehäfen reihen sich an stinkende, som-
mers wie winters veraltete und tatsächlich giftgrün blubbernde Abwas-
serkanäle, aus denen die blasse Bevölkerung das Trinkwasser bezieht
und das Verderben. Nirgendwo in den westlichen Industriestaaten ist
die Kindersterblichkeit so hoch wie im Maintal, kaum vier von zehn
Kindern erreichen das dritte Jahr. Ein Leben lang leiden sie an Al-
lergien, Blutarmut, monströser Schlaffheit, richtungsloser Wut, De-
pression und einem widerwärtigen Hang zum Studium der mathe-
matischen Chemie und sogenannten Betriebswirtschaft, die natürlich
nichts anderes als Betrugswirtschaft und Verschiebewirtschaft ist.

Zehn Kilometer östlich von Hanau macht vorerwähntes Aschaffenburg auf den gewöhnlich stumpfen und also ahnungslosen Besucher anfänglich einen weniger furchtbaren, beinahe unschädlichen Eindruck. Weil die Menschheit zwar nicht klüger ist als Affen und Kater, aber mit der Sprache die Kraft besitzt, von ihrer Clangruppe und ferneren Wohnsippschaft umpinkelte Reviere zu benennen, gehört diese selbstverständlich ebenfalls geistferne und zutiefst geistfeindliche Stadt nicht mehr zu »Hessen«, sondern zu »Bayern«, und zweifellos sind ihre der Arbeiter- und Bauernklasse sadistisch abgepressten Sehensunwürdigkeiten a) Schloss Johannisburg und b) Pompejanum ekelhaft und schändlich. Der absurd riesenhafte Schlossbau erfolgte offensichtlich auf Befehl eines Mainzer Erzbischofs, der etwa vierhundert Zimmer, Salons, Lustgänge und Whirlpools sich anfertigen und von verzweifelten Nonnen und Prälaten die unfrommen Hoden gewissermaßen schaukeln ließ, wie eine neidgrüne Ortsbauernschaft bis heute beklagt, und das nicht weniger obszöne Pompejanum, ein vollkommen überflüssiger Nachbau eines pompejanischen Bürgerhauses, ließ ein König namens Ludwig der Erste seiner gleichfalls menschentretenden Freundin oder Mutter zum Geburtstag schenken, eine nicht weniger hybride Untat als die Reichshauptstadtpläne des geisteskranken Albert Speer. Man muss jedoch sagen, dass in Aschaffenburg und vorzüglich in zwei engen und wahrhaftig schönen Gässchen ab dem ersten Sonnenstrahl recht fein getrunken und gesungen wird, und allein wegen dieser zwei geglückten und glückspendenden Wirtshausbereiche ist zu beklagen, dass die Stadt gegenwärtig unter furchtbarsten Qualen stirbt. Ja, eine grauenhafte Pestilenz drückt dieser Stadt mit dem von einem unnützen Kleinfluss herrührenden Namen Aschaffenburg bereits sein Jahren den Hals zu und hat sich nun zum Mord entschlossen. Der Täter heißt »Opel Brass« und trägt also einen in seiner doppelten Geschmacklosigkeit absolut verrohten Firmennamen, welcher die Abscheulichkeit des Unternehmens, aber diese immerhin, getreulich wiedergibt. Es ist ja bereits eine Unverschämtheit, dass dieser Firmenname mich zwingt, im Wörterbuch des Rheinlandes zu blättern und zu lesen: »Brass. Ärger,

Scharfes Luftbild der Aschaffenburger Firma Opel Brass in all ihrer katastrophalen Ausdehnung und Verästelung. Die etwas freiere Stelle in der linken Bildmitte wird nun gegenwärtig ebenfalls zum Autohinstellplatz umgebaggert.

Wut auf jemanden, Probleme mit etwas, Stress. *Ich habe Brass mit dem Finanzamt. Ich hab Brass auf meinen Chef.* Brass als Ausdruck für Kummer und Ärger war im Dialekt des südlichen Rheinlands zunächst bis hinauf nach Köln verbreitet und ist inzwischen weiter nach Norden gewandert [und nun offensichtlich auch nach Süden! d. V.]. Allgemein wird es vom mittelhochdeutschen *bras:* ›Menge, Haufen‹ abgeleitet.«

Und tatsächlich befinden sich auf dem Boden dieser Brass-Firma mengenweise Haufen aus hässlichstem Blech, Kunststoff und Gummi, sogenannte Autos, und von dieser ekligen und weltweit

Unscharfes Niedrigluftbild von einem der nun bald sechs Autohaus-Brass-Abstell-lager. In einem ähnlich gelagerten Mietshaus wohnt der naturgemäß arme Autor mit seiner Familie.

geistbedrückendsten Maschinenorte ausschließlich die schrecklich-sten und ordinärsten. Alles Handeln und Denken ums sogenannte Auto herum ist ja bereits automatisch Idiotie in ihrer schwachsin-nigsten Form, doch setzt Opel Brass auf eine gezielt unerträglichste Mixtur aus eben Opel- und neuerdings auch Škoda-Modellen, mehr möchte ich dazu nicht sagen. Fünf widerwärtige zusammen-hängende Massenautohinstellplätze im Bereich der äußeren Wohn-innenstadt wurden dieser größenwahnsinnigen Firma im Laufe der Jahre und Jahrzehnte von einem naturgemäß hirnlosen Aschaffen-burger Stadtrat bewilligt und vermutlich kostenfrei überlassen ge-gen die üblichen Schmiergelder und unsinnigen Karibikurlaube und Bordellpartys, und mittlerweile übergossen gedungene schnaps-verseuchte Bauarbeiter möglicherweise hunderttausend Quadrat-meter ehemaliger Buntwiese und bester Muttererde mit Teer und Mörtel und Beton aus dem einzigen scheußlichen Grunde: der Mög-lichkeit des Dorthinstellens hässlicher und nutzloser Autos.

Seit Ende des Jahres 2011 schauen die Bewohner auch dieser Häuser auf neues und neuerlich geistesstumpfestes Opel-Brass-Gebiet.

Und diese Maschinen stehen dann ja auch nicht nur herum, sondern ziehen kraft ihres grotesken Herumstehens tagtäglich Dutzende und Hunderte grotesker Menschen an, die sich mit dem menschenmöglich allerblödesten Vorhaben tragen, nämlich dem Erwerb einer dieser Idiotenmaschinen. Ganze Horden vollkommen wahnsinniger Männer streunen dort herum auf diesen Autohinstellplätzen, beugen ihren Oberkörper und glotzen minuten- bis gar viertelstundenlang in das Innere dieser sogenannten Autos hinein, um schließlich befriedigt festzustellen, dass Lenkrad sowie die autotypischen Messinstrumente und Sitzmöglichkeiten vorhanden sind und es sich tatsächlich wie vermutet um das Innere eines sogenannten Autos handelt. Diese Erkenntnis macht sie tatsächlich stolz und glücklich und verleiht ihnen die Kraft, gleich anschließend noch zusätzlich einige Runden um solch ein Auto herum zu drehen und mit derselben stolzen Kennerschaft zu bemerken, dass es dem betreffenden Exemplar auch an einer Blechkarosserie und vier Gum-

Den Bewohnern dieses von tödlichen Brass-Mobilen erstickten Hauses ist offenkundig schon nicht mehr zu helfen.

mireifen nicht fehlt. So ziehen also diese idiotischen Maschinen, diese menschenüberfahrenden Stinkungeheuer logischerweise die verlorensten Ochsen und Hohlköpfe an, und es sind beileibe nicht nur arme erniedrigte Menschen, denen eine verbrecherische und geldsüchtige Regierung alle Bildung versagte. Von meinem Ohrensessel und noch deutlicher durch mein Bibliotheksfenster hindurch sehe ich immer wieder gutgekleidete Herren mit sicheren Bewegungen, feinem Gesicht und teurer Frisur, welche, je näher sie den Maschinen kommen, desto mehr sich in volkommen debile Zell- und Fleischkörper verwandeln. Es ist eine Tragödie und um so mehr eine Tragödie, als diese autoverursachte und also unheilbare Debilität naturgemäß diejenigen am schwersten befällt, die sich mit diesen Dingen und Waren tagtäglich herumzuschlagen haben, nämlich die Gründer, Chefs, Unterchefs, Abteilungsleiter, Mitarbeiter und Zulieferer der Opel-Brass-Firma selbst sowie deren Familien. So pausenlos aus mir völlig unbekannten Quellen neue Autos angeliefert und auf die Hinstellplätze hingestellt werden, so pausenlos müssen diese Autos ja auch bürokratisch erfasst und geschätzt und abgewischt und gesaugt und gebohnert und mit einer Werbung beklebt werden etwa des Inhalts: »Sonderangebot! Mit Navi & Sitzheizung NUR 99999999,99 €!!!!!!« All diese Menschen sind, aus infamer Geldgier die einen, aus Hunger die anderen, gezwungen, eine unvorstellbar scheußliche Arbeit zu verrichten, und so muss man befürchten, dass Brass im Grunde genommen aus Selbsthass und Brass auf sich selbst und natürlich auf Opel das Opelhaus Brass gegründet hat, und dies wäre ja nun wahrlich eine Tragödie.

Vor kurzer Zeit begann diese Firma Brass mit den Abriss- und Bauarbeiten für einen sechsten Brass-Autohinstellplatz, ein sehr schönes altes Haus wurde in Stundenschnelle vernichtet, und nur dieses abstoßende Verbrechen ist ja auch der Grund, aus dem ich mich bei diesem ekelhaften Wetter an meinen kalten Schreibtisch setze und diesen sinnlosen Text verfasse, der mich abwechselnd aufregt und ermüdet. Natürlich habe ich auch höchste Angst. Bittere Armut trieb mich und meine Familie vor einigen Jahren aus dem bekanntermaßen liebreizenden Essen in dieses tödliche Maintal und ausgerechnet in diese Stadt mit diesem haarsträubend verrückten Autohändler, und schon ohne diesen neuen sechsten Autohinstellplatz war das von uns bewohnte alte klapperige Mietshaus von den ja allesamt riesigen Brass-Automaschinen umzingelt. Mit diesem sechsten wird unser Mietshaus nun bis an die Grenzen seiner Existenz erdrückt, und ich befürchte, dass man es uns bald und vielleicht schon in wenigen Tagen oder Stunden unterm Hintern wegabreißen wird, ohne Vorwarnung und naturgemäß mitten in der Nacht.

SUPERKAKAWITZ MIT DEUTSCHER BAHN

Als Vorrede vielleicht, dass ich aus der Analphase eher raus bin mit 54, Frau, Ehe, zwei Töchtern 8 und 12, Robert-Gernhardt-Preis, Renault Kangoo, diese ganze Richtung, da stehen Kakawitze nicht mehr hoch im Kurs, und außerdem haben meine Töchter eh permanent Schiss, dass ich ihren Ruf ruiniere in unserem verkackten Aschaffenburg, wenn ich morgens halb acht mal wieder in unserem Garten herumsteh in meinem kaputten Schlafanzug und ich sie die zwei Minuten zur Schule begleiten will als guter Vater, nicht dass da unterwegs was passiert – jetzt aber der Kakawitz, leider voll echt:

Normalerweise entleert man in eine Toilette, die schluckt es runter, fertig; und nicht andersrum. Aaaber: Sitz' ich kürzlich auf dem Rückweg von irgendeiner Frankfurter *Titanic*-Sauferei mit meinem bescheuerten Billiganzug auf der Toilette einer klapperigen Bimmelbahn und pisse und scheiße beschwipst so herum, betätige die Spülung, und was macht das bescheuerte Arschloch von Toilette? Ich erklär' es Ihnen! Die defekte Scheißkuh spuckt, kaum hat sie meine Sachen eingesaugt, den Schmodder wieder aus und in hohem Bogen genau zwischen Klovorderwand und Pimmel hindurch Richtung Füße in meine beklopte Unterhose! Platsch! Und Anzughose! Boing! Nicht viel, okay, aber ich schätze so eine gut gefüllte 0,3 Cola kam da urplötzlich wieder rausgesprotzt! Mit Currywurst. Volle Kanne retour! Ich so »Iiiih!« und »Ääh!« und kopfschüttel, weil das ja zum Glück ungewöhnlich ist und ich auch sofort wusste, dass die nächste halbe Stunde höchstens so mittel werden würde mit Auswaschen, Rubbeln, Stinken, bis zum Ausstieg im Klo bleiben und dann aber trotzdem noch irgendwie blöd Auffallen, und das stimmte dann auch. Sogar auf der kaum zehnminütigen Fahrradfahrt nach Hause war das Gefühl noch nicht gut.

TV-Köche
Unser Programm für 2010

Andreas C. Studer · Christian Rach · Björn Freitag · Sarah Wiener · Mirko Reeh · Stefan

TV-Koch im Februar

Andreas C. Studer – ein kulinarischer Import-E
Als „Easy Cooking" bezeichnet der Schweizer T
Mit Zutaten, die man überall bekommt und fix
kreiert er Gerichte, die begeistern. Durch regio
setzt er Schweizer Akzente.

Andreas C. „Studi" Studer lernte in der Schweiz
in den USA und Mexiko und ist seit über zwölf
Fernsehen aktiv.

Man kennt ihn zum Beispiel aus „Kochduell" u
Weitere Informationen unter: www.studionline

Im Monat März servieren wir Ihnen
Gerichte von Christian Rach (li.)
und im April von Björn Freitag (re.)

Die Bahn unterstützt die Initiative „Spitzenköche für Afrika"

Die Bahn spendet gemeinsam mit elf bekannten Fernsehköchen **50 Cent pro**

SONETT VOM ICE-PLATZDECKCHEN
oder:
EIN SPITZENKOCH FÜR AFRIKA

Begütert ist, wer Armen helfen kann,
Und mehrt sein Glück: Er nimmt, indem er gibt,
Und wird ein Ganzes, wo das Leid zerstiebt.
Just dieses Glück erfüllt auch diesen Mann.

Die Bahn erkor ihn, und er nahm schnell an:
Es fragt nicht lange, wer die Schwarzen liebt.
Er fragt auch nicht, wie prächtig es wohl piept
Bei den Layoutern unsrer Eisenbahn –

Er hat an Hunger schon zuviel gerochen
Und weiß, dass nur die schnellste Hilfe nützt.
So ist er gestern dorthin aufgebrochen,

Wo er nun froh, gewürzt und angestochen
In einem jener großen Töpfe sitzt,
In denen Neger Spitzenköche kochen.

Thea Becker-Grüll-Schubert
Der verbotene Mord [1]

suhrkamp taschenbuch
hammerkrimi

[1] Buchtitel

SUHRKAMP GOES KRIMI

Auch nach seinem Umzug von Frankfurt nach Berlin steht der Name Suhrkamp für deutsche und europäische Geistes- und Theoriegeschichte. Auf die Ankündigung des Verlags, bald auch Krimis zu präsentieren, reagierten deshalb viele Leser skeptisch: Können die das denn? Dieser Vorabdruck beweist: ja selbstverständlich!

Inhalt

Einführung

A) Auffindung einer männlichen Leiche am Ufer des Bodensees

»Früher war es eins dieser Viehtreiberkaffs gewesen, wie man sie überall in West Texas und Far West Texas findet«: Mit diesen Worten beginnt der berühmte Kriminalroman »Gefährliche Stadt« des Amerikaners Jim Thompson[1] und fährt fort: »Eine staubige Straße, die sich irgendwo zu einem Ort weitet, eine triste Ansammlung von Häusern mit falschen Fassaden und Wellblechvordächern.«[2] Der hier präsentierte Fall[3] indes spielt in Konstanz, der größten Stadt am Bodensee und Kreisstadt des Landkreises Konstanz. Die Geschichte des Ortes reicht bis in römische Zeit zurück[4]. Hier also wurde, an einem sonnigen Spätherbstabend, und zahlreiche fiktionale Störche »spiegelten« sich im silbrigen Wasser, die Leiche eines Mannes ans Ufer geschwemmt. Dieser war, und mit Verweis auf die auktoriale Erzählhaltung sei der Vorgriff erlaubt, kaltblütig und gegen seinen Willen erschossen worden von einem – Mörder!

B) Bestimmung des ermittelnden Kommissars Fromm, Erich Karl

1) Der Konstanzer Kommisssar Erich-Karl Fromm[5] saß in seinem Büro, hatte braune Haare, 89 Kilo und 59 Jahre auf dem Kreuz[6]. Zum dritten Mal innnerhalb von zwei Minuten las er denselben Passus: »Der Widerspruch ist das Nichtidentische unter dem Aspekt der Identität; der Primat des Widerspruchsprinzips in der Dialektik misst das Heterogene am Einheitsdenken.«[7] Fromm musste unwillkürlich lächeln. Kaum zwei Seiten weiter oben hatte sein Thriller-

---

[1] Jim Thompson: Gefährliche Stadt, Diogenes 1983

[2] a.a.O., S. 4

[3] Da wir uns das hier Beschriebene nur ausgedacht haben, muss »Fall« wie bei Proustschen oder Musilschen Romanhandlungen fiktional begriffen werden

[4] Vgl. besser nicht wörtlich: Wikipedia: »Konstanz«

[5] Nicht identisch mit dem Wissenschaftler Erich Fromm (Haben und Sein), aber genauso fragwürdig, daher der Name …

[6] Urspr. »auf dem Buckel«, eine Wendung, die der Autor rechtzeitig als Lichtenberg-Mobbing erkannte

[7] Theodor W. Adorno: Die Kaffeetasse des Grauens. Thriller, Goldmann 1969

guru Adorno noch postuliert, der Widerspruch sei »(…) Index der Unwahrheit von Identität, des Aufgehens des Begriffenen im Begriff«, und jetzt das! Freilich: Verdankte derlei Spekulation eher dem fachfremd Allgemeinen sich, versetzte ihn das Klingeln des Telefons blitzschnell[1] zurück in die zufällige Besonderheit seiner entfremdeten Profession. Riiiinngg!! Riinngg!

Fromm hebte ab.

»Fromm?«

»Nein, Agnostiker.«

»Verarschen kann ich mein Selbst[2] selbst.«

»Wilhelm Agnostiker. Ich bin Pfarrer hier am Bodensee, in Überlingen. Am Ufer liegt ein toter Mann, bitte machen Sie das weg.«

»Sind Sie der Böse?«[3]

»Schuldig sind wir alle, o Herr …«

»Fromm. Erich-Karl Fromm. Sie sollten sich schämen. So etwas tut man nicht.«

»Ich hab ihn ja nur gefunden. Bitte beeilen Sie sich. Er stinkt.«

»Bin in ein paar Tagen da.«

2) Als Fromm nach etwa sieben Wochen am Tatort eintrudelte, war vom Opfer nicht mehr übrig als ein Haufen Schmodder. Es stank in der Tat bestialisch. So nah wie von der Spurensicherung erlaubt kniete sich Fromm neben das blasig-modernde Irgendwas und grinste befriedigt. Fromm war ein philosophischer interessierter, ja begnadeter Kopf, der Habermas mit einer Silbe hätte vernichten können, aber seelisch-psychologisch ein hammerparaphiler Drecksack[4], ein wahnsinniger Irrer, der in seiner Freizeit lebendige Hasen

---

[1] Zu »Plötzlichkeit« als ästhetische Kategorie der Moderne vgl. Karl-Heinz Bohrer 1985 ff.

[2] Den Begriff »Selbst« benutzen wir in dieser Arbeit grundsätzlich im Sinne der identitätsphilosophischen Analyse Edith Jacobsons: Das Selbst und die Welt der Objekte, Frankfurt 2004. Vgl. auch andere Bücher und Thesen

[3] Ein Spiel mit den Bedeutungsebenen »Täter« und dem laut Botho Strauß Urbild aller Täter Osama bin Laden

[4] Synonym neuerer Sexuallibertins für den älteren Begriff »polymorph pervers«

häutete und fraß, ein gemeingefährlicher Borderline-Champion mit einem Herzen aus gequirlter Vogelscheiße.

»Den Krankenwagen können Sie wegschicken, hahaha! Und hören Sie endlich auf zu kotzen, Sie... Mutter. Hier ist der Leichensack. Schaufeln Sie aber nicht zuviel Erde mit.«

Nicht zum erstenmal war Fromms Assistentin Carola Bloch heilfroh, das elterliche Trilliardenerbe ausgeschlagen und Subalterne Kriminalassistenz studiert zu haben. Das brachte Ärger und Entbehrung, aber kaum Geld, und an Freizeit war schon überhaupt nicht zu denken. Was hätte sie mit ihr auch anfangen können? So lang sie denken konnte, hatte sie Erfüllung, Liebe, Freude und heitere Gelassenheit, hatte sie zumal Momente reinen Glücks als ekelhaft empfunden, bis auf jenen unvergesslichen natürlich, da man sie auf Lebenszeit diesem Arschloch Fromm zugeordnet hatte. Schuld war, wie bei derlei Protagonisten üblich, eine narzisstische Grundstörung in der von Spitz und nachfolgend Mahler postulierten »Subphase der Wiederannäherung«, die im Falle misslingender Mutter-Kind-Interaktion zu schwerwiegenden Defekten bis hin zum Borderline-Syndrom führt[1]. So eine prekäre Tussi also war die Bloch, doch dazu später mehr. Vorher eine kurze Betrachtung des Handlungsortes als An-Sich-Seiendes, das erst im Für-Uns-Sein zu sich kommt: als Badeort der gehobenen Kategorie.

Exkurs I: Einfach mehr als Planschen: Individual- und Familienurlaub am Bodensee

»Wer an den Bodensee kommt, kann nicht nur am, sondern auch auf dem See Urlaub machen: Eine Fahrt mit der Weißen Flotte ist ein Muss. Mehr als 4,5 Mio. Passagiere zählt die internationale Bodenseeflotte im Jahr. Die Schifffahrtsaison mit täglichem Kursverkehr startet gegen Ende März und dauert meist bis Anfang Oktober, oft wird sie um ein bis zwei Wochen verlängert. Außerhalb der Saison gelten die Nikolausfahrten mit Kinderbescherung an den

---

[1] Mahler, Pine, Bergmann: Die psychische Geburt des Menschen, Frankfurt 1980, S. 101 ff.

Adventssonntagen und die Silvesterfahrten als Attraktion. (…) Die Schiffe tuckern gemächlich, wer auf Action steht, kann sich deshalb rasch langweilen. Zunehmend beliebt sind aus diesem Grund kombinierte Rad-Schiffs-Ausflüge, denn die Weiße Flotte nimmt auch Räder mit. Bodensee-Schiffsbetriebe, Hafenstr. 6, Konstanz, Tel. 07531/364 03 89, Fax 364 03 73, www.bsb-online.com.«[1]

Mythos vs. Postmoderne oder: Exklusion des Gärtners als Persona in culpa

Rückblende: Bevor Kommissar Fromm von jenem Überlinger Pfarrer angerufen wurde, fiel ein Schuss, und umfiel der verhasste Miethai und Hobby-Kuschelrocker Harry Gier (sic!). Geschossen hatte, aber das konnten zu diesem Zeitpunkt weder Kommissar Fromm noch Pfarrer Agnostiker wissen, Giers Gärtner Carsten Wulach[2], ein von seinem mafiosen Stiefsohn Salvatore erpresster und deshalb unschuldiger Mann. Nun musste Wulach fliehen, aber wohin?! Spanien? Bremen?

Fortsetzung folgt

---

[1] Siehe hierzu evtl. auch www.marcopolo-online.de
[2] (49)

GEWINNER DES MONATS
JUNI 2011: DIRK NOWITZKI

Wer maß zwei Meter schon im Schoß
Und war als Kind viermal so groß
Wie Marcel Reich-Ranicki?

Wer wucherte ins Himmelszelt
Und floh dann in die Neue Welt?
Der Lulatsch Dirk Nowitzki.

Wer is the new Old Shatterhand?
The Korbballer from Frankenland!

GEWINNER DES MONATS DEZEMBER 2011:
KARL THEODOR ZU GUTTENBERG

Erst schickte der bizarre Freak
Vorsätzlich Menschen in den Krieg,
Die wurden dort zu Leichen.

Und doch bleibt blass, was von ihm bleibt:
Die Leichen keiften: »Abgeschreibt!
Vorsätzlich! Er muss weichen!«

Er wich. Nun nimmt ihn die EU.
Die Toten machen wieder »Buh!«
Sie würden ihn gern lieben.
Doch hat er abgeschrieben.

ESSENER LOVEPARADE EIN VOLLER ERFOLG

Das war Strukurwandel at its best: Nachdem ein Streit zwischen
dem Berliner Senat und den Veranstaltern zu keiner Einigung geführt hatte, war es der europäischen Kulturhauptstadt gelungen, das
weltgrößte mobile Festival für sich zu gewinnen. Über dreihunderttausend sexy gestylte Raver tanzten vom Hauptbahnhof teils unter-
irdisch zur Gesamthochschule, mehr als eine Million Schau- und
»Hörlustige« machten begeistert mit. Der aus Berlin angereiste Raver Marco Blödmann sprach für alle: »Gerne wieder, röchel, sprotz!«

Am Anfang warf mich eine bleiche Mutter ins Gras, und am Rande
dieses Grases floss die Ruhr, und so war es. Vierundreißig Jahre meines Lebens verbrachte ich in jenem vom Nachweltkrieg geborenen
Häuserhaufen, den arbeitskräftezählende Ratten und ihre dümme-
ren Kellner Ruhrgebiet nennen, und wuchs hinein in eine architek-
tonische Hölle, mit der das Ende der Menschheit sich ein Denkmal
setzte. Und das Wunder geschah: Ich gedieh, eine Blüte inmitten
von Staub und Verheerung, ein afrikanischer Morgen umgeben
vom Grau der Gesichter, ein Lotusbunt unter der Erde, strahlend,
tröstend, weisend.

Dann zog's mich hinaus. Sieben Jahre war ich fort, und als ich
dann, später, noch einmal zurückkam aus Liebe, mich niederließ
da, wo die bleiche Mutter mich ins Gras geworfen, in Essen, die
nun Einkaufsstadt hieß und also log, über Stil zu verfügen und die
Erkenntnis, dass man leben nicht kann in ihr – kaum, sage ich, war
ich zurück, stieß ich stündlich auf Beweise dafür, dass mein Fortsein
dem Ruhrgebiet nicht gutgetan hatte.

Wahrlich: Als hätte der hiesige Mob auf meinen Weggang ge-
hofft wie der feige Schakal auf die Sattheit des Löwen, krochen sie
am Tag meines Abschieds hervor, hungrig seit je und ungestört laut
nun zudem. Sei's die von Journaille und gleichplanen Lesermillio-
nen gefeierte »Internationale Bauausstellung Emscherpark (IBA)«,
die mit Vorliebe leere Fabriken lackierte, sie mit ProjektArtQuatsch
ausstopfte und so, als touristischen Funpark, musealen Budenste-
hern offerierte, die dort einst schufteten für andere, unterbezahlt,
aber bezahlt; seien es die »Wir in NRW«- und »Wir im Revier«-
Plakate eines Kommunalverbands Ruhr, seien es regionalstolzblöde
Szene-Slogans wie »Der Pott kocht« und »Kommt aus de Pötte«:
Von überall wehte plötzlich der Gestank von Heimatliebe.

Und apropos Budensteher: »Anne Bude, da geht's mir gut!« hieß
eine Fotoausstellung, wohl gleichfalls in einer IBA-bunten Halle
präsentiert von einem, der im vollen Gegensatz zu den abgelichte-

ten Säufern ein Zuhause hatte und ein warmes Morgen. Aber schick war es halt geworden in Kreisen, die sich einmal kritisch wähnten, den betrogenen Hinzes und Kunzes so tief ins Maul und Gebaren zu kriechen, bis man ihr grundfalsches Dasein für regionale Gewieftheit hält, ja für den Ausdruck einer »Ruhridentität«, ähh! Je haargenauer Menschen wissen, dass nichts außer Mangel sie zusammenhält, desto dringender sollen ein paar hergelaufene Straßen oder Viertel eine Seele haben.

Und erst die gleichfaule Ruhrcomedy: Leute, die es besser wussten, als sie nicht verdienen wollten, banden sich einen Knebel ums Hirn und reussierten mit Affentheater: ihrem dummgehaltenen Volk zeigend, dass es damit, wie es stammelt, schon alles seine Wahrheit und Schönheit und Herz-am-rechten-Fleck-Idylle habe. Und kaum kam der polnische Romancier Andrej Szczypiorski mal ins »Ruhrgebiet« mit seiner alten Handelsstraße (!) Hellweg, tat's das Revier kein bisschen unter sowas: »Seine Lesung gehört zu einem Projekt, das unter dem Motto ›Stimmengewirr-Literatur-Stop-Hellweg‹ das Bewusstsein für die traditionelle Sprach- und Kulturvielfalt der Region schärfen soll.« Eine naive Einfalt gibt es laut Schiller. Wo Irre von Vielfalt reden und ihre höchsteigene Macke gegen klingende Münze verscherbeln, da möge ihnen der Himmel aber doch mal auf den Kopf fallen.

So ging ich wieder. Und hatte gleichwohl keine Ruhe nicht.

Denn dann, im Jahr des Herrn 2010, auch das noch. Nach meiner Erinnerung begann es, gleichzeitig mit dem 1990 kontinentweit loskeifenden EU-Standortgezeter und alle spätere Größe in sich tragend, mit einem Satz des damaligen Dortmunder Oberbürgermeisters Günter Samtlebe, der diesen seinen grauen Häuserhauf in einem furiosen Anfall als »Sport- und Schach-, Wissenschafts- und Wirtschaftszentrum« und »EU-Metropole« respektive »Oberzentrum« imaginierte, um den zum Glück kleinen Hirninfarkt dann noch wie folgt ins Wort zu meißeln: »Die Menschen in Europa müssen das Gefühl haben, Beziehungen zu Dortmund zu besitzen.«

»Müssen«, immerhin, stimmt. Seit dem Jahr 2010 müssen die

Menschen in Europa sich nun täglich fragen, warum mit der vom Raubzug der Kohleindustrie geborenen und misshandelten westdeutschen Großstadt Essen und den gleichverwüsteten Städten Duisburg, Oberhausen, Mülheim, Bochum, Dortmund usf. das gesamte Ruhrgebiet zu ihrer aller Kulturhauptstadt befördert wurde. – Ja, warum?

Weil die mitnominierte Altstadt Görlitz viel zu alt ist und viel weiter östlich liegt als eben Essen, diese »Rose an der Ruhr« mit ihren brikettbunten Mietskasernen und traumschönen Stadtautobahnen, da allseitig entwickelte Individuen, schillersch spielende Menschen und also Insignien erfüllten Lebens sich tummeln wie Juwelen in den Mülldeponien Bogotás, ja, sie hat's dreimal verdient, diese Perle des Kohlenpotts, welche sich nun endlich aufmacht, das Land Dürers und Bebels europaweit glänzen zu machen.

Etwa in Gestalt seiner Lieder. Den Singeschrat Herbert Grönemeyer hielt's bekanntlich nicht beim Film, und weil eines seiner Stücke davon handelt, dass er aus Bochum kommt, durfte er zur Preisverleihung nachlegen. Er tat's:

»KOMM ZUR RUHR. Wo ein rauhes Wort dich trägt, / weil dich hier kein Schaum erschlägt / wo man nicht dem Schein erliegt / weil man nur auf Sein was gibt. (…) // Schnörkellos ballverliebt wetterfest und schlicht / geradeaus, warm, treu und laut / hier das Leben, da der Mensch, dicht an dicht / Jeder kommt für jeden auf, in Stahl gebaut. (…) Dass der Rhein sich neu genießt / liegt an diesem Glücksgebiet / Alles fließt alles von hier (…) // (…) So weit, so ur / Seelenruhr. / Ich mein ja nur / Komm zur Ruhr.«

Klare offene Seelchen aus einem Glücksgebiet sind in Stahl gebaut, weswegen der Rhein sich neu genießt: Das ist mehr als wunderlicher Schwachsinn, nämlich offzielle Hymne der Kulturhauptstadt, geschrieben und finanziert von Leuten, die nach all den Jahren nicht mehr anders können, als diese immergleichen Kitschbröckchen hervorzuwürgen: dass die Menschen des Ruhrgebiets menschlicher seien als die in Bremen, Dresden oder Köln, weil sie, so das bis heute ca. viermilliardenmal gebrüllte Mantra, »ihr Herz auf dem rechten Fleck« hätten.

Schuld ist ein unschuldiger Nobelpreisträger. Nach einer Reise durchs Ruhrgebiet schrieb Heinrich Böll 1960 den bis heute pausenlos zitierten Satz »Das Beste am Ruhrgebiet sind seine Menschen«. Nicht pausenlos zitiert wird seine Begründung: »Kein Bauwerk, kein Haus, kein Landschaftsbild wird sichtbar, das einem Fremden eine Reise oder wenigstens eines Aufenthaltes wert erschien. Die Industrie hat eine Landschaft getötet, ohne eine neue zu bilden.« Stimmt. Sei es das wehmütig stimmende Flair eines mittelalterliches Stadtkerns, die Giebel der Renaissance, die lüsterne Verspieltheit des Barock und strenge Imposanz der Gotik; seien es die Biedermeier-, Gründerzeit- und Jugendstilfassaden, deren Ornamente die Verbrechen feiern, die sie zu kaschieren suchten: Wohl keine Landschaft ist in Europa, welche die Epochen kontinentaler Architektur gleichmutig ignoriert und totschweigt. Nicht Prunktürme je temporärer Gewinnler, sondern das zeitlose und betont grundehrliche Scheiß- als flächendeckendes Wohnhaus prägt das Stadtbild und knallt es zu mit einer Radikalität, von der Andreas Baader träumte. Trunken vom Stolz, weltweit Einmaliges zu sein, schmiegt sich Brutalität der Frühindustrialisierung an Grausamkeit des Nachkriegs, Ekles der Betonjahre an die Beulen der Sanierungspest, Missratenes an Planloses, Freches an Dummes, Mahnmal an Mahnmal; und wenn Moderne steht für den Verlust von Schmuck und Tand und Tünche, ist zumal der Hauptgewinner Essen in der Tat fleisch-, hackfleischgewordene Moderne, Sohn bleichester Mutter, Christus der Unerlösten.

Wobei sich Essener Kultur bei Gott nicht im Plebejischen erschöpft. Da ist die pompöse Krupp-»Villa Hügel« am waldgrünen Baldeneysee, da ist das schöne Aalto-Opernhaus und, mitten in der City, das Essener Münster mit seinen Kirchenschätzen des 10. und 11. Jahrhunderts; da ist das angesehene Folkwang-Museum, neu verputzt mit Krupp-Millionen und damit Empfänger einer der vielen Ablasstüten jener sogenannten Ruhrbarone, die nicht vergessen können, dass sie ihre aberdicken Bäuche und Vermögen ganz allein den hohlen Wangen und verstaubten Lungen ihrer Arbeiter verdanken – als wäre dies gesamte Kulturhauptstadtevent eventuell vorzüglich eine Gelegenheit für Diebe und schlimmere Strolche, ein bisschen was zurückzugeben zum Beispiel für die Bomben, die sie von Essenern in Essen bauen ließen und die dank ihnen und Hitler dann auf Essener fielen –

– und da ist die profanere Aristokratie. Seit Jahrzehnten gilt Essen als weltweit einzige Kulturleistung mit C & A, Ansons, Wormland, Kaufhof, Karstadt, Peek & Cloppenburg, Hertie, dreimal H & M und tausend Nordsee-Filialen auf einem achtel Morgen, und also ist es in der Tat nur recht, dass die versehentliche Kulturhauptdings sich kraft einer haushoch prangenden Bahnhofswerbung als »Die Einkaufsstadt«, als prima Warenhaufen präsentiert und zurechtrückt. Wie schrieb Tucholsky: »Wer zwei Bücher hat, der mache eines zu Geld und kaufe sich eine Hose.«

Stimmig gleichfalls, dass Europas neuer Stern eben nicht »Dichten« oder »Aquarellieren« heißt, sondern wie die dritte der Hauptgattungszwänge: Atmen, Trinken, Essen. Und die Viertel heißen Essen-Werden; und Essen-Haarzopf, hihi. Nur das ungleich einleuchtendere Essen-Pommes-Bratwurst gibt es (noch) nicht, aber bald. Denn auch im Idiom, mit dem mietskasernierte Ex-Kohleschrabber ihre prostituierte Tochter zum Kiosk peitschen, Lungenbrötchen und Kiste Pilsbier nachzuordern, sind europäische Kultursprachen blitzschnell auszumachen: »Ey, hömma, komma bei mich bei! Und kannsse dann für mich ma ebend zum Karbäusken fitschen?«

Doch zurück zur Hochkultur! Unvergessen Hitlers triumphaler Auftritt auf dem heutigen Kennedyplatz, dem Zentrum einer längst erdbebenhaft verfallenden City, da auf dem Humus verfaulten Qualitätsfachhandels die »1 Euro-Inferno!«-Läden sprießen; unvergessen auch der regelmäßige Triumph des Autors, wenn er nach Lesereisen in den Essener Bahnhof kam und seinen Koffer voller unverkaufter Bücher gutgelaunt treppunter schleppte, weil alle sieben Bahnhofsrolltreppen von den 500 000 Essener Stahlmenschen mit dem rechten Herzfleck wieder einmal schnörkellos und schlicht in die Havarie geprügelt waren – was sollen sie auch sonst tun in diesem Glücksgebiet – dochdoch, mein altes Essen, dieser stille mächtige Protest gegen spielende Seelen, gelingendes Leben, fröhliche Häuser und intakte Rolltreppen: Es hat's verdient. Bis bald!

SIE, UTA RANKE-HEINEMANN,

bezeichnen sich seit zirka acht Dezennien so laut wie pausenlos als feministische und, da Sie an Gott nicht glauben, kritische Theologin, wurden vom Papst, an den Sie nicht glauben, von Ihrem Essener Lehrstuhl entfernt und haben natürlich recht: Wenn so eine eine Flugzeugreise tut, dann kann, ja muss sie was erzählen, zumal wenn die Person wie Sie »zwölf Sprachen« spricht, am liebsten mit Unschuldigen: »Vor längeren Flügen bitte ich, neben einem Ausländer sitzen zu dürfen. Aus Sprachübungszwecken. Dann gehen die Lufthansa-Ladies mit mir die Passagierlisten durch. Und wenn einer Dos Santos, Puschkin oder Tortellino heißt, dann kriege ich den Platz neben ihm.«

Ich weiß nicht, was »Guten Tag, ich bin eine total unbequeme Theologin« auf Spanisch heißt. Oder hundertmal »Der Papst in Rom ist doof« auf Russisch. Ich weiß nur: Die Gewalt gegen Ausländer hat viele Gesichter. Und die gegen Dos Santos, Puschkin oder Tortellino sogar noch Ihres mehr.

Seien Sie gnädig!

Überlebensmaßnahme
Obdachloser lebt fünf Monate neben Leiche

Ein Obdachloser hat in einem Haus in Gelsenkirchen mindestens fünf Monate mit der Leiche eines Wohnungsinhabers gelebt. Der Grund dafür war eine taktische Überlebensmaßnahme: Mit gefälschten Unterschriften des Toten erschwindelte sich der Täter Geld.
Gelsenkirchen – Der ursprünglich obdachlose Mann hatte sich nach Polizeiangaben vom Donnerstag als Betreuer des 69-jährigen Bewohners ausgegeben und dessen Verschwinden aus dem Mehrfamilienhaus mit Klinik- und Kuraufenthalten erklärt. Auf der Suche nach dem Vermissten machten Polizisten dann jedoch in der Wohnung einen grausigen Fund: Die Leiche des Mannes lag auf dem Boden eines Zimmers, dessen Tür hermetisch mit Klebeband und Tüchern abgedichtet war – um zu verhindern, dass der Leichengeruch nach außen drang.

aus: Spiegel online, 13. 8. 2009

EINE MELDUNG UND IHRE GESCHICHTE

Allmählich grenzt es aber schon an Landluft, murmelte der 68-jährige Peter H. gewollt entspannt und beeilte sich, das Kopfhörerkabel zu entwirren und die Kunstledermuscheln aufs Ohr zu setzen – Verdi, natürlich »Die zwei Jahreszeiten«, nein, die vier natürlich, zwei waren die Kopfhörer, aber es war nicht leicht bei diesem Gestank, bei dieser nichts weniger als dantesken Situation sich auf sogenannte Musik zu konzentrieren.
Musik? Ach ... Zitternd vor philanthropisch satter Gattungs-

trauer sank er in den grünen Cordsessel, presste die Augen zu und
wünschte sich, weinen zu können wie früher. Außer diesem zu Tode
geliebten Verdi-Schlager, auf den Adornos Diktum, dass Verbreitung dem Verbreiteten schade, eben schlagend zutraf, – außer diesem also und zwei 70er Kuschelrock-CDs nebst einer Sammlung
Südtiroler Pornosongs hatte dieser Verstorbene und extrem kurzfris-
tige Freund rein nichts an Weltklang zusammengetragen; aber Tränen hatten H.s Wangen seit fünf Jahrzehnten nicht mehr gestrei-
chelt und ihm bewiesen, dass er lebe – nein, halt: Vier waren es. Im
Mai 1965 hatte er, nach dem Erlangen der Mittleren Reife und einer
immergram durchlittenen Ausbildung zum Industriekaufmann,
den Zweiten Bildungsweg abgeschlossen und auf der Abiturfeier vor
Freude geheult wie jene Bombenwarnsirenen, die den Soundtrack
seiner Kindheit geliefert und ihn wohl hundertmal gerettet hatten.

H. weinte.

Dann kam es wieder, alle zehn Minuten kam es, doch diesmal
wehte vom Totenzimmer ein derart infernalischer Gestank und
Hammermief, dass H. vornüberklappte und auf seine nackten Füße
kotzte; und nun weinte er nicht mehr, sondern überlegte. Beriet, ge-
stählt vom Höllenbrand des Fegefeuers, was nun zuerst zu tun sei:
das Leichenzimmer erneut noch luftdichter verrammeln oder erst
mal die Kotze aufwischen; und als er erkannte, dass die Reihenfolge
wurscht sei, da beides etwa gleichstark roch, mit leichten Vortei-
len vielleicht für den Kadaver, versuchte gar ein kurzes flatterhaftes
Grinsen auf seinem Gesicht zu landen. Auf seinem einst landweit
bekannten Gaunermaul; und ging dann doch respektvoll stiften.

Nicht eigentlich bekümmert, vielmehr halbbewusstlos und doch
wie geheiligt von der schieren Pestilenz seiner Lage ließ H. das Er-
brochene dampfen, fingerte aus seiner Plastiktüte Nr. 4, der Lidl,
mit einem Griff das Zahnpflegeset und schlich ins Bad. Zwei Wochen waren nun vergangen seit seinem Einzug in Möllers Wohnung, und noch immer verboten ihm Gestank wie sein Gefühl für
Anstand, sich häuslich oder gar gemütlich einzurichten. Er schämte
sich vor Möller, ohne dessen Tod er ja weiterhin Platte machen
würde, und beschränkte die unrechtmäßige Nutzung dieser Woh-

nung aufs immerhin Notwendigste: Essen, Trinken, Schlafen, Bier, Duschen, Lesen, Bier, Wichsen, Musikhören. Noch immer war seine Habe im vertrauten Tütenquintett verstaut, allein seinen verknitterten Ehrendoktorhut hatte er, dank eines ihm selbst lachhaften Reminiszenz- und Sentimenzanfalls, an die Garderobe gehängt und gar mit einer Notiz beklebt: »Verliehen von der universitas zu Trier, anno domini 1994.«

Zeiten waren das, dachte H. kopfschüttelnd, als er unter der Dusche stand und aber bald schaudernd erinnerte, wie, in den ersten Tagen nach dessen Tod, der ausdünstende und aufdunsende Möller gepupst und gerülpst hatte wie zu Lebzeiten, »Pfffft! Rööööörgh! – Uorrööhh!«; welche Lebzeit er, H., allerdings kaum zwei Minuten mitbekommen hatte.

Auf dem Weg zur Nachtbrücke war er gewesen an jenem Abend, und es regnete eiskalt, als er aus einem Erdgeschossfenster ein lautes Stöhnen und vor allem Rülpsen hörte, ein brüllendes Rülpsen und dann doch dezidiertes Hilferufen, hiernach Gepolter und nun geradezu tosendes Rülpsen und Furzen, dann – Stille. H. stoppte, das übrige Haus schien leer, die Fenster der Etagenwohnungen waren eingeworfen, und die Haustür fehlte. Scheu steckte H. den Kopf hinein. Es war dunkel, doch auf der Schwelle zum rechten Parterre sah er einen Mann, H. zog ihn an den Schultern keuchend in die kleine Wohnung, und nachdem er den dicken schweren Körper auf die Couch gewuchtet hatte, hörte der dicke schwere Körper auf zu atmen, rülpste wie ein kranker Brontosaurus Rex und starb. Aus der Küche roch's nach einem Wocheneintopf dicker Bohnen.

Nun war H. zwar fraglos Aussatz, fortgestoßen von der Welt durch eigene Schuld, ein kraft zwei Jahren auf Bewährung vorbestrafter Prominenter, der sich nun selbst bestrafte, indem er die ihm verbliebene schmählich kleine Rente seinerseits verschmähte und Landstreicher geworden war, unbekannt und unerkannt, ein Habenichts und Gibmirwas, jedoch kein Trottel. Sondern u. a. Träger des Großen Bundesverdienstkreuzes und manch anderer krimineller Energie, und so brauchte er kaum eine Stunde, um sich soweit kundig zu machen in dieser trockenen und nun praktisch vogelfreien

Wohnung, ihren Schubladen und Portemonnaies. Anschließend stand sein Entschluss fest, er ahnte, auch hiermit könne er sich reinigen, und war dann wirklich überrascht, wie leicht die Menschen in den Banken und Behörden sich von schlecht gefälschten Unterschriften und unsinnigen Erklärungen täuschen ließen. In seiner Zeit als Personalvorstand dieses perversen Weltkonzerns hätte er sie allesamt zackzack gefeuert, nun liebte er diese Menschen, und nicht um seiner selbst willen. Mehr als einmal musste Peter H. lächeln beim Gedanken, dass dank Möller nun auch ausgerechnet er Hartz IV beziehe; doch Hartz IV haben und nicht haben machten doch ein paar hundert Euro monatlich zzgl. Heizung, Strom, dazu ein warmes Bett, ein grotesk müffelndes Wohnzimmer plus Küche, geräumige Abstellkammer und … apropos geräumig … –

H. zögerte lange. Als er es, ein gutes Vierteljahr nach Möllers Tod, tatsächlich anpackte, dauerte es geschlagene fünf Stunden, und etwas so Unvorstellbares hatte er noch nie gerochen und gesehen, geschweige denn getan, und es war gut. Sühne musste sein, er wollte und suchte sie, aber warum sollte er ausgerechnet aufs Wohnzimmer verzichten? Richtig biedermeierlich okay war die gute Stube allerdings bis heute, Anfang des fünften Monats, nicht, man konnte da ja praktisch lüften und Räucherstäbchen zünden, wie man wollte, das war ja olfaktorisch ein Fass ohne Boden! Dabei hatte H. sich für den freudigen Anlass extra gute Musik gekauft und aber nach drei trotzigen Anläufen den Versuch aufgegeben, Mahlers Fünfte oder wenigstens Verdis Gefangenenchor bei diesem weiterhinnigen absoluten Schweinegestank zu genießen.

In die Abstellkammer also hatte er Freund Möller sel. vor rund acht Wochen verlegt oder besser resteverschaufelt, H. konnte es schon gar nicht mehr glauben, einmal war ihm der Eimer entglitten und so unglücklich vor die Füße gefallen, dass er auf diesem Möllerrestzeugs praktisch ausrutschte und mit seinem, Hs., höchsteigenen Kopf wimmernd hineinplatschte – bis heute wusste er nicht, ob ihn dabei ein monadisch umherflutschendes und deutlich genervtes Auge angeschaut und stumm ausgeschimpft oder er's nur späterhin gealpträumt hatte, ja Himmel, Arsch und Sacrament! Alles, was besteht, war laut Goethe wert, dass es zugrunde geht, aber ein Jota mehr Materialfestigkeit und Kohäsionsfreude toter Menschenwesen hatte H. sich damals stark herbeigesehnt.

Doch es wurde besser. Tagsüber lief H., der einstmals Obdachlose, nun durch die leeren Gelsenkirchener Parks und Einkaufszonen, lief, pausierte und bettelte ein bisschen für ein bisschen Mehl und Milch und Schnaps. Nachts saß er bei offenem Fenster und bullernder Heizung im Wohnzimmer und vergaß immer öfter, sich die Nase zuzuhalten. Die Abstellkammer war dicht, und nur gelegentlich stellte H. sich bange vor, sie würde explodieren.

Eines Abends erkannte er im Fernsehen den einstigen VW-Betriebsratsvorsitzenden Klaus Volkerts, den er, und ihn verwunderte, wie geläufig ihm die Namen und Zahlen noch waren, zehn Jahre lang mit summa summarum zweieinhalb Millionen Euro geschmiert hatte, sah sich selbst als Vorsitzenden einer Regierungskommission, und H. gelang es nicht, eine Verbindung herzustellen zwischen sich und diesen Bildern, die ihm vorkamen wie aus einem fremden Universum. Peter Hartz war ein anderer geworden, und er wußte, dass er ein Glück erlangt hatte, das er nicht verdiente und das er mit nichts in der Welt vertauschen mochte. So lebte er hin.

Bis diese Bullenschweine sturmklingelten.

GEWINNER DES MONATS
JANUAR 2010: ROLAND KOCH
oder
DIE ARSCHBOMBE

Sie war nicht scharf und eine Papp-Attrappe,
Doch unscharf schien sie einem Herrscher nicht:
»Zu Händen Koch«. Die Gruppe »Morgenlicht«
Nahm sie und jenen Satz auf ihre Kappe,

Der schrecklich war und wie aus größter Klappe:
Verlange Koch erneut Fronarbeitspflicht
Für das Hartz-IV-Heer, sei die nächste nicht
Mehr länger unscharf und aus mehr als Pappe.

Doch streiten sich die Schwarzen und die Roten
Mit Worten besser als mit Dynamit.
Nicht hilfreich sind den Lebenden die Toten.

Und wäre auch tabufrei auszuloten,
Wer gut und wahr und schön ist und wer nit,
Bleibt doch Personensprengung per Gesetz verboten!

Der schwedische Chemiker und Erfinder Alfred Nobel hatte einen hellen Kopf und ein gutes Herz. Über dreihundert Patente meldete er im Laufe seines Lebens an, zwei dieser Patente machten ihn steinreich: die Entdeckung eines sicher zu lagernden und gefahrlos zündbaren Nitroglycerins, das unter dem Namen Dynamit nicht nur die Fischerei vereinfachte, und die Erfindung des Sprengpulvers Ballistit, das die gesamte damalige Schusstechnik von der Pistole bis zur Kanone revolutionierte. Soweit zum hellen Kopf.

Sein gutes Herz ließ ihn per Testament verfügen, dass sein Vermögen nicht länger den zerstörerischen und gewalttätigen, sondern allein den heilenden, der Menschheit nützenden Kräften und Forschern zugute kommen solle: Die Nobelpreisstiftung war geboren. Man darf sie begreifen als Buße eines Mannes mit einem am Ende unglücklichen Lebenswerk: »Nehmt, ihr anderen, mein Geld und macht es besser, bügelt aus, was ich verbrach!«

Ein Wolf also, der die Rehe stärkt, ein Geier, der die Paradiesvögel ermuntert, ein Kaktus, der all' sein Wasser den Orchideen schenkt: Könnten und sollten nicht auch unsere deutschen Größen, unsere hellen Köpfe sich daran ein Beispiel nehmen? Und gleichfalls Buße tun mit ihrem großen Herzen? Ruhig auch schon zu Lebzeiten? Doch, das sollten sie. Folgende Preise drängen sich auf:

- ein Preis zur Förderung, Ermutigung und allgemein seelischen Stärkung der weiblichen Jugend, gestiftet von Heidi Klum
- eine Hansi-Hinterseer-Stiftung zur Verbreitung wahrer, guter und schöner Musik
- ein Preis für gute Witze und überraschende Pointen, gestiftet von Mario Barth
- der Angela-Merkel-Preis für die gestische und mimische Verbreitung von Zuversicht und Lebensfreude
- ein FDP-Preis für Glaubwürdigkeit in der parteipolitischen Programmatik und deren Darstellung

- ein Deutsche-Bahn-Preis für Beiträge zum Lob der Pünktlichkeit
- eine Stiftung zur Förderung des stummen Sinnierens und Klappehaltens zum Zwecke der geistigen Einkehr, finanziert von Johannes B. Kerner, Maybrit Illner und Markus Lanz
- ein Preis für die nachhaltige Förderung des Wohlbefindens aller Menschen, Vögel und sonstiger Geschöpfe, die da leben in der Nähe von Bohrinseln, gestiftet von BP Deutschland
- sowie, nicht zu vergessen, ein Preis für die würdige und hinreichende Unterstützung der Armen und ihrer Kinder, gestiftet von Ursula von der Leyen.

Neun Preise, neun Wege zu Reue und Umkehr, neun große Firmen und Menschen. Wie gern würden wir auch ihrer in Ehren gedenken!

GEWINNER DES MONATS
MÄRZ 2012: STEFAN MAPPUS

Von Siemens war er 'kommen
Zur großen Politik
Und hat sich übernommen.
Vielleicht war er zu dünn.

Die »Bohne« machte weiter
Bei Merck, c/o Vertrieb
Von Pillen und so weiter.
Sie schickten ihn, wie lieb,
Zum Thron des Weltenendes:
Nach Südamerika!

Wie hofften wir, er fänd' es
Dort cool und blieb', hurra,
Oink oink, o Gott, und blieb'
Für alle Zeiten da!

Doch blieb der Mappus nicht.
Der Mappus kam zurück
Samt seinem besten Stück:
dem Mappus-Angesicht.

Ruanda. Eines der ärmsten Länder der Welt. Und der gebeuteltsten. Im Süden überschwemmen der ostafrikanische Monsunregen, Wirbelstürme und Schneeschmelze tagtäglich die Küstenregionen. Der Norden: Heimat der Heuschrecken und Vulkanausbrücke. Im Westen nisten Klapperschlangen und Sandfloh. Doch damit nicht genug. Erdbeben, Meteoriten und tödliche Dürre unterspülten erst Ende Juli das ICE-Netz des Ostens, und wer sich ins zentrale Hochplateau begibt, sieht sich von den weißen Traumstränden der Elfenbeinküste schnell Tausende Kilometer entfernt. Der RAX, Aktienindex des Landes, fiel zwischendurch auf 34,5. –

Reich ist sie. Und wunderschön. Wallendes blondes Haar, ebenmäßiges, offenes Gesicht, eine Haut wie aus Wachs. Zwei Handys benutzt das in Thüringen geborene Top-Model für berufliche Zwecke, die anderen vier sind privat.

Und nun verlor sie ihr Herz an die Weltkinderhilfe.

»Als Unicef anrief, hab ich sofort clear, of every cause gesagt«, erinnert sich die 31-Jährige. »Nej tak, well, ich liebe Ruanda, liebe Australien. Hier gibt es viele barbarische Ureinwohner«, vertut sich die Beauty und bestellt uns zwei Bacardi-Cola.

Uns – das sind Eva Padberg und ich. Seit sieben Stunden sitzen wir im Bahnhofscafé der Hauptstadt Kigali und impfen kleine Sorgenkinder. Die Geißeln haben Namen. Kinderlähmung, Streptokokken, Masern, dazu kommt der Hunger, später die fehlende Perspektive, Rechtsradikalität, Völkermord. Mit endloser Geduld warten dünne buntgewandete Mütter, bis ihre Kinder an der Reihe sind. Unbarmherzig brennt uns die Sonne auf den Pelz. Eva trägt einen sündteuren Otter in den Farben der Saison. Sanftes Olivgrün, die mondäne Kragenpartie flieder abgesetzt. Darunter ein Bustier mit Lycra, seidige Jazzpants unter geschlitztem Bouclé-Rock, ein Push-up-BH aus reinster Pikee-Strukturwear, einen Mohair im China-Look, Strickjacke, Schal und Hut à la Raissa Gorbatschow.

»Vielleicht ein bißchen dicke für Afrika?«, frage ich die ölende Diva und werfe ihr das nächste Kind zu.

»Und ob. Runter mit dem Hut. Puh!«, zeigt sie trotz der vielen Spitzlaute zweiunddreißig weiße Zähne und betupft das schwärende Knie des Neugeborenen mit einem feuchten Bierdeckel. »Na, wenn das keine eitrige Angina ist«, tröstet sie das Kleine, »aber kein Problem. Huhu, gleich macht es pieks.« Ein kräftiger, blitzschneller Stich, und schon schreit der neue Erdenbürger zum Himmel.

Dass Eva Spritze und Kajalstift verwechselt, bleibt heute die Ausnahme. Dabei ist sie sich ihrer Botschafterfunktion durchaus bewusst. »Viele dieser Kinder erhalten Zeit ihres Lebens keine Ausbildung, kommen nie mit Kajal in Berührung«, sinniert die Aktivistin und zupft sich ein Haar aus der Braue. »Aber was haben wir denn hier? Gottogott. Reich mir mal das Clearasil.«

Ihr Wunsch ist mir Befehl. Eifrig schrubbt das Model, aber zwecklos: Nahezu hundert Prozent der ruandischen Kinder, so wird mir Eva später diktieren, leiden unter unreiner Gesichtshaut, sind von den vielen Mitessern regelrecht braun. »Sorry«, sagt sie nun und pfeffert das Kind zurück in die Warteschlange, »krieg' ich nicht ab.« Verlegen lutscht sie stumm an ihrem linken Daumen, dann verliert sie für einen Augenblick die Contenance: »Bei dem hier find' ich irgendwie nix!«, ruft sie beleidigt und hält einen Säugling gegen die Sonne. »Guck du mal.«

Routiniert pflücke ich das Negerl aus der Luft, und als im nächsten Moment der Monsun einsetzt, mache ich's wie Eva und lege mir als Schirm ein Sorgenbaby auf den Kopf. Meines fällt gleich wieder runter, ihres nicht. »Hey, bleibt so«, sage ich und ziehe eine Wegwerfkamera aus dem Rucksack. Es wird ein wunderschönes, ein hoffnungsvolles Bild. Am Himmel zwei majestätische Regenbögen vor pechschwarzen Wolken. Im Hintergrund die grauen Wellblechhütten von Kigali. Und vor all dem der weiße Engel von Ruanda: mit einem Lächeln wie vom andern Stern, einem Otterpelz wie aus der Waschmaschine und einem nackten Baby auf dem Kopf, dem der Wolkenbruch den kranken Blinddarm kühlt. Klick. Und schnell noch eine zweite Kamera. Klick.

»Jetzt zieh dich aus, Baby, komm schon, ich will euch beide nackt«, spreche ich plötzlich wie ein richtiger Fotograf. Zum Glück entpuppen sich die Batterien der Wegwerfkameras als alle. Eine halbe Minute später ist die Regenzeit vorbei, erneut bricht katastrophale Dürre aus, ein verhungernder Zeitungsjunge kommt gekrabbelt und verteilt schreiend den neuen *Ruanda-Boten*: »Seuchen nach Vulkanausbruch im Überschwemmungsgebiet! Eva patschnass in Kigali! Weitere Aussichten: 42 Grad.«

»Einen nehm ich«, lächelt der Engel und wischt sich damit ihre makellosen Arme trocken. »Ober, zwei neue Bacardi, aber schanell!« Schanell ist Evas absolutes Lieblingswortspiel hier auf unserer Reise. »Ich muss mal schanell Handyfonitis«, sagt sie, wenn eines ihrer Mobiltelefone klingelt. Ist dann ihre Mutter dran, grüßt sie erfreut mit »Ar-mami!« Immer öfter sagt sie neuerdings auch »Ich muss mal schanell fünf Minutenterrinen für Cevin-Klein-Mädchen« und muss im Grunde gar nicht wirklich, es ist einfach ihre große Liebe zu ungewöhnlichen Sprachkreationen.

Denn kreativ, das ist sie. Immer wieder greift sie zwischen all den Babyheilungen zu Pinsel und Aquarellkasten, bringt ihre Eindrücke und Gefühle auf die Leinwand. Hier eine Idee Gaugúin, da eine Prise Baselitz, zum Schluss viel originäres Padberg drüber, und schon machen kleine braune Strichmännchen mit dicken roten Lippen Kopfstand. »Rassistisch? Total«, sagt sie, »aber so sehe ich sie.« Die Werke wird sie nach Abschluss der Reise versteigern, der Vertrag mit Sotheby ist unter Dach und Fach.

Am schwersten fällt immer der Aufbruch. Wohl zehn- bis zwanzigtausend Mütter befinden sich noch in der Warteschlange, manche waren über ein Jahr unterwegs, um aus ihren Dörfern aus dem Buberuka-Bergland hier in die Hauptstadt zu gelangen. Aber wir müssen weiter. Der Staatspräsident Paul Kagame erwartet uns zu einem haarigen Termin: Seine Frau fühlt sich hoch scheinschwanger, bei der nun anstehenden »Geburt« soll Unicef-Eva »Hebamme« spielen.
Zum Glück erweisen sich unsere Informationen als falsch. Grade mal im siebten Monat fühlt sich Frau Kagami, ihre Einladung hat einen ganz anderen Grund: Vom Top-Model will Frau Kagame wissen, wie man ein Ultraschallgerät bedient. »Dann kann ich endlich nachsehen, ob's ein Junge würde. Andernfalls wird nämlich ›abgetrieben‹ …«
Mit diesem Machismo gerät die irre First Lady aber bei der Abiturientin an die Falsche! »Ich werde es Ihnen später zeigen. Jetzt bin ich müde«, haucht die Padberg fast unhörbar, löst ihre goldenen Haare, schickt den Butler nach einem Kimono und entschwebt, gehüllt in Seide und Brokat, Richtung Wellness-Resort.
Hier dann das große Hallo! Denn wer sitzt in der Dampfsauna und schneidet sich die Zehennägel? Unicef-Vorgängerin Claudia Schiffer! Nach einem mehrtägigen World-Life-Found-Helping in Kaschmir, wo sie aussterbenden Hochlandziegen die Eier kraulte, hatte sich die ehemalige Branchen-Number-One für ein Beauty-Weekend in Ruanda entschieden und freut sich nun natürlich auf den Erfahrungsaustausch mit Eva. Es wird ein langes Gespräch nicht zuletzt über verschiedene Formen der Bewusstseinserweiterung. Denn während die Padberg ihre Schützlinge kritisch abmalt,

Claudia Schiffer war in ihrer Zeit als Unicef-Botschafterin eher von bengalischen Waisen angetan. »Von wegen Waisen – das sind alles Analphabeten!«

plant die Wahl-Londonerin Claudia eine verstörende Wander-Videoinstallation: Konfrontiert mit über dreitausend Monitoren, die nachdenkliche Ziegenszenen zeigen, sollen zunächst die Engländer original Hochlandkot anfassen und dabei ihr eigenes Ich infragestellen.

»Die will sie dann ebenfalls bei Sotheby versteigern«, verrät mir Eva. »Die macht mir eh alles nach. Auf den Ziegenkötteln wird die Schlampe aber sitzenbleiben.« Der Höhenmesser zeigt dreißigtausend Fuß, wir genießen den Komfort der Business-Class. Eva lehnt im Ohrensessel, eine Zigarettenspitze in der Hand, lässig ruhen ihre Füße auf dem Rücken einer Stewardess. In zwei Stunden landen wir in St. Tropez. Die Tage in Ruanda, sagt sie, haben ihr Leben verändert, ihm einen neuen Sinn verliehen, sie endgültig sensibel gemacht für Elend und Armut gerade von Kindern. »Keine zehn Pferde«, lächelt sie, »bringen mich noch mal in diesen Scheißhaufen«, und in diesem Moment wirkt alles glaubwürdig an ihr, alles echt. Es scheint, als wisse das wunderschöne Model endlich, welchen lohnenden Lebensweg es gehen will.

Der marxistische Essay
WAS IST UND WELCHEM ZWECK DIENT
EIGENTLICH GENAU: GLOBALISIERUNG?

I Historie

»Ursprünglich ist also e = mc². Am Ende des kapitalistischen Pro-
zesses kommt Ware heraus, deren Wert = x + 2 (a+b), wobei x der
Mehrwert ist und 2 eine Primzahl. Die Lichtgeschwindigkeit C hat
sich in C' verwandelt, die Differenz zwischen beiden entspricht p,
einem Mehrwert von x Pesos« (MEW 23, S. 226).

*Lange galt der Bäcker Hermann
Fuld als erster Globalisierungs-
gewinnler, jetzt kam heraus:
Der Mann ist einfach chronisch
fröhlich*

So weit Merkel. Auch der Kunsthistoriker Arnold Hauser weiß
zu berichten: »Stimmen gegen Greco werden in Spanien vor dem
Ende des 17. Jahrhunderts kaum vernehmbar; mit dem sich entwi-
ckelnden Klassizismus und Rationalismus werden sie aber immer
lauter« (1964, S. 255). Und Edward Conze ergänzt: »Zu Anfang dieser Periode ändert der Buddhismus von *Birma* seinen Charakter.
Von nun an bezieht er seine geistigen Impulse aus *Ceylon*« (2003,
S. 128).

Eben. Ob früher Iberer-Staat oder Indisch-Karibik: Früh schon ist alles mit allem verschränkt, geistig-polit-ökonomisch verzahnt wie einander befruchtend. »Der Merkantilismus«, diktiert im Mai 1997 Gaddafi, »hat ausgespielt!«; zeitgleich verabschieden sich auch die USA vom *splendid isolationism,* gründen erste Handwerkskammern (*manufakturoi).* Aggressive Global Player wie Ford, Fleurop oder Südzucker beherrschen fortan den nervöser werdenden Weltmarkt, immer mehr Arbeiter stehen in Lohn und Brot.

Noch der finnische Außenhandel beschließt das dritte Quartal mit einem Plus von sieben Prozent, Franz Xaver Kroetz kommt im Fernsehen, die Goethe-Institute florieren. »Es ist«, schreibt Georg Lukacs, »der uralte Traum von einem goldenen Zeitalter« (1911, S. 72). Alles eitel Sonnenschein? Mitnichten.

II Begriff

In seinem vielzitierten Hauptwerk »Risiken und Chancen des Welthandels« schreibt der *Konkret*-Herausgeber Hermann L. Gremliza: »Der Motor der Globalwirtschaft sind Dampflok und Lastwagen, sprich Brummis.« In der Tat: Hingen unsere Warenkörbe heute noch am legendären Meister Esel, an den Tischen wäre Schmalhans Küchenmeister! Länger ausgedrückt: Erst der Last- und Personenverkehr zwischen A und B gebiert Austausch, bringt Menschen aus allen Erdteilen mental zusammen, macht das globale Dorf kleiner – siehe »vino blanco«, »camonbert« und so.

Ein Beispielbürger unter vielen, nennen wir ihn Otto Mustermann aus LL61 Llanfairpwllgwyngyllgogerychwyrndrobwllllantysiliogogogoch (Wales). Gerade war er (sic!) shoppen: Hemd, 2 Steaks, Kaugummi, Portion Lungenbrötchen, 1 höhergelegtes Familienauto (Renault scenic). Dessen Reifen kommen aus Korea, der Spoiler aus Tibet, der digitale Navigator aus Honduras. So machen es ja heute alle. Was aber macht Mustermann? Er packt die Tüte in den Van und juckelt nach – Italien. Aber nicht direkt! Sondern über Hamburg. Olé olé, das Tor zur Welt. Dort steigt er auf ein Fährschiff Richtung Afrika, checkt plötzlich in Venedig aus, und siehe da: der Markusplatz! Die Gondeln, hurra! Michelangelo! Savoir vivre!

Frauen aus Russland, Milch aus Kühen, Eimer aus Weißblech: Globalisierung pur

Mit anderen Worten: Auch der Tourismus trägt sein Scherflein bei, macht die große Welt winzig und bekannter wie auch Radio, Zeitung und Fernsehen. Sind Buntberichte über Schweden heutzutage keine Seltenheit mehr, so liefert auch der Äther verstärkt Nachrichten aus Amerika und Serengeti bis hin zu Benelux. Radikalinski Gremliza: »Markt eint die Welt, bevor die Medien sie entzaubern. Der Name des amerikanischen Präsidenten etwa fällt in *german political talks*, und dass Cadillac eine Automarke ist, wissen nicht nur Besatzungssoldiers. Kurzum: Bringt uns die Pizza nicht einen Schimmer Florenz? Der Kaffee: Entführt er uns nicht in die Mythen der Anden? Und blicken wir, Heineken trinkend, nicht im Geist auf die Wogen der nordischen See…?«

Jahrzehnte ist's her, da stand wohl ein Globus auf den Tischen der Herren. Dank Globalisierung fiel er herunter ins Volk und wurde, so wahrscheinlich Richard Precht, »zum Allgemeingut: zum Globus in den Köpfen« (Blablabla, 23/2009). Nicht in jedem aber fand er Platz.

Allegorische Darstellung des deutsch-kanadischen Wirtschaftsabkommens von 2007: Der schnelle Anstieg des Handelsvolumens (oben) überraschte damals viele (unten)

III Animositäten

Am 12. April selben Jahres erhält die Wirtschaftsredaktion der links-kritischen *taz* folgenden Offenen Brief ihrer Berliner LeserInnen Gaby 1, Uschi und Gaby 2: »Daß die ChefInnen der großen Konzerne so Gewinne machen und sich ein feines Leben machen, während der kleine Mann der ›Dumme‹ ist, ist ein typisches Produkt männlichen Machtwahns!« Keine Woche später schließen sich die »TuntenLesben Kölle-Ost« den dreien an, die erste informelle Zelle steht.

Aber wofür? In seinem hinter »Was gesagt werden muss« vielleicht schon zweitbeklopptesten Gedicht »Pünktlich« polemisiert Günter Grass: »Eine Etage tiefer / schlägt eine junge Frau / jede halbe Stunde / ihr Kind. / Deshalb / habe ich meine Uhr verkauft; / (...) meine Zeit ist geregelt.« Interpretiert heißt das: Auch im globalen Dorf ist längst nicht alles Gold, was glänzt – zum Teil bestehen die Probleme weiter. »Eine Safari zum Beispiel können sich immer noch nur wenige leisten«, monierten schon Marx / Engels, »oft reicht nicht einmal das Geld.« Folge: Die Geschädigten bleiben wütend zu Hause, die Kinder kriegen es ab. Schwer haben es auch alleinerziehende Taubstumme in Nepal oder Spitzenfußballer wie David Beckham, deren Trainingsleistung irgendwann nachlässt. Schnell heißt es dann ab auf die Bank, Jüngere rücken nach, schlussendlich wird der Spieler nach Amerika verkauft – schlimm.

Sorge bereitet zudem die globale Kriminalität. Sie hört und hört nicht auf. Handtaschen, Schmuck, Regenschirme – teils werden sie von Räubern geklaut, teils im Bus liegengelassen oder enden gar im Fundbüro.

Ausblick: Weltweit wird täglich alles immer schlimmer. Wulff: »Nimmt man das Ozonloch hinzu, traut man sich als Rentner praktisch kaum mehr auf die Straße.« So ist auch hier der Dumme wieder mal der Loser.

Auf nicht bestechend kluge Leserfrage »Warum schreiben Sie?« antworten Literaten gerne so: »Damit ich was zu lesen habe.« Zum Glück kam nie jemand auf die Idee, Maria Callas zu fragen: »Warum singen Sie?« Nur darum musste die schnippische Träller-Legende und Kerstin Garefrekes des Stimmbands niemals behaupten: »Damit ich was zu hören habe.« Es wäre ja auch das gelogen. Alle Literaten lesen viele Bücher, alle Sänger hören viel Musik. Nicht alle Musikanten aber hören viele, zumal dann nicht, wenn sie sich wie ich vor Zeiten aus der Weltgemeinschaft der Fachsachverständigen ausklinkten und das ganze milbenhafte Markt- und Schrei- und Stilgewimmel nach J. S. Bach oder meinetwegen gerade noch Deep Purple zu nurmehr tausendstel Promillegraden überblicken.

Nö, Ahnung von den neuen Gruppen (»*bands*«) hab ich seit strenggenommen 1973 nicht. Allzu junge Leute mögen ruhig ihr neumodisches Umsonstgeschwätz vom Apo-Opa intonieren, aber mir ist heute alles viel zu schnell, zu düster schrammelig und laut, und gut, dass da zumindest schon die trüben Depri-Krächzer Curt Cobain und Anni Winehouse weg sind. Das war doch alles superfies und zusselich. Kurzum und *sub specie aeternitatis*: Das bisschen Restmusik, was ich noch höre, das spiel ich mir auf meiner E-Gitarre selber!

Nein, gar nicht wahr. Dreimal in den letzten fünfzehn Jahren habe ich doch Fremdmusik gehört, davon zweimal im Fernsehen und eine nach der anderen: nämlich 1) Sir Elton John vor trauernden Prinzessin-Diana-Briten, 2) Sir Heino Blöd vor trauernden Schlesiern, 3) den alten Straßenmusiker Horst vor sonnenbadenden Heidelbergern. Sir Elton jodelte, pietätvoll formuliert, ja bekanntlich einen schnellen Heuler auf seine kaputte Freundin runter, Hein Blind blies seine Sonnenbrille auf und köttelte vor ollen Faschoduttteln sein Geöchze von den tollen Schollen, aber dann war Horsti dran! Mit einer Trageorgel vor dem Bauch näherte er sich auf krummen Linien einem Heidelberger Platzcafé, schlurfte eine Zeitlang stumm durch die Bestuhlung, setzte dann den rechten Mittelfinger auf die Tasten und begann zu spielen. Heraus kam, Zweifel war auf Dauer gar nicht möglich, eine *extreme slow version* von immerhin »Bonanza«; und gerade als das Publikum es insoweit begriffen hatte und sich freute, setzte Horst für etwa fünf Sekunden seine wackelige Stimme drüber:

»O soolee mi-i-io! O – – mio, so-ole, alles kapu-utto, ächächäch, danke, ja, hier in den Hut. Rrrörgh krächz«, es hustete und polterte aus allen seinen Bronchien, ihm war vollständig wurscht, was genau er sang und spielte, ihm sowie dem guten Publikum, und so liefen auch die folgenden Orgelparts zielsicher auf »Bonanza« hinaus, und immer steuerte der Göttliche den einzig ihm präsenten Text hinzu –

»Oh, oh, mi-ii-oo, sool-ole kaputto, hähähähä! Was eine Scheiße! Jawoll, die Taler bitte ins Käppi, Amerikaner? Japaner, gutto ah! Sole mio! Ärgh, kröchs, hust, danke, multo gracie, gracia, merci kaputto, muchas gracias good bye thanks hust würgh, o sole mio hähähä! –«

Nach fünf Minuten hatte er dann Geld beisammen, stopfte es in seine blaue Joppe und verschwand. Ich finde: So geht es doch auch.

Und Diana hätte es *bestimmt* gefallen.

DEN HUNDERTSTEN BAYREUTHER WAGNERFESTSPIELEN 2011 INS NOTENBUCH

Wenn Nike Katharina haut,
Weil die den Festtag gern vergisst
Von Richards Förderer Herrn Liszt,
Derweil auch Eva sich nicht traut,
Die gleichfalls Wolfgangs Tochter ist,
Aus Wolfgangs Wegen auszuscher'n
Und endlich Wieland hoch zu ehr'n,
Der schließlich Nikes Vater … Mist,
Ich gebe auf, ich gebe Ruh:
Die Wagners sind versierter.
Sie zicken nicht wie ich und du,
Sie zicken komplizierter.

Doch: zur Musik! Ihr untertan
Erklingt der grüne Hügel!
Mit Tralala, Tamtam, Fanfar'n,
Trompeten und Felügel!

Mit Parsifal und Lohengrin!
Mit Tristan nebst Isolden!
Mit Guido nebst der Kanzlerin
Und ihren ach so holden
Saftdrüsen in dem Achselrund,
Aus dem das Brünnlein springet
Zum Klang, der aus dem Untergrund
Der Bühne zaubrisch dringet.

Doch: zur Musik! Die ganze Welt
Kommt nach Bayreuth zu hören!
Sie lässt von denen ohne Geld
Und Macht sich ungern stören.

Die meisten Karten gehen gleich
An unsre Crème und Spitzen,
Das hat den Vorteil: Ist wer reich,
Dann kommt er gut zu sitzen.

Und also sitzen Stund um Stund,
Bedrängt von dicken Tanten,
Politiker und Banker und
Die anderen Bekannten,
Die Jünger und die Meister des
Geschiebes und Gezerres,
Dezenteres und Feisteres –
Und selbstverständlich Ferres.

Doch: zur Musik! Für Kinder gibt's
'nen kurzen »Nibelungen«:
Nach einer Stunde dreißig piept's,
Dann hat sich's ausgesungen.
Noch unbestätigt das Gerücht,
Es hätten auch die Kleinen
Die gottverdammte Festspielpflicht,
In Gucci zu erscheinen.

Doch: zur Musik!

BLASIERTHEIT SCHÜTZT VOR DÜNKEL NICHT

Vor vielen Jahren schrieb ich mit Heribert Lenz und Jürgen Roth das kluge und komische satirische Lehrwerk »So werde ich Heribert Faßbender. Grund- und Aufbauwortschatz Fußballreportage«. Seine ungezählten dummen Kinder machen es zur Mutter aller Fußball-sprüche-Sammlungen, wie sie uns nun dauernd auf den Wecker fallen. Dafür schäme ich mich; denn es ist ja die Hölle. Stand März 2012, eine weiß Gott kleine Auswahl:

- »Lachen bis zum Platzverweis: Die besten Fußballsprüche«
- »Zitate aus dem Fußball – Die besten Fußballsprüche«
- »Die witzigsten Fußballersprüche 2011«
- »Taktik ist keine Pfefferminzorte! Neueste Sprüche und Weis-heiten der Fußballstars«
- »Abseits ist, wenn der Schiedsrichter pfeift. Neue Weisheiten aus der Welt des Fußballs«
- »Ein Tor würde dem Spiel gut tun. Das ultimative Buch der Fuß-ball-Wahrheiten«
- »Fußball-Kochbuch: Essen, glotzen, Sprüche klopfen. Mit (an-) pfiffigen Stilblüten«
- »Die besten Fußballsprüche: Wenn Fußballer Sprüche klopfen«
- »Apropos Fußball: Die besten Zitate aus der dritten Halbzeit«
- »Keiner verliert ungern. Neue Sprüche und Weisheiten der Fuß-ballstars«
- »Mal verliert man, und mal gewinnen die anderen: Die besten Sprüche unserer Fußballhelden«
- »Wunderbare Welt des Fußballs: Gewinnen ist nicht wichtig, so-lange man gewinnt!«
- »Verlieren ist wie gewinnen, nur umgekehrt: Freiwillige und un-freiwillige Weisheiten aus der Welt des Sports«
- »Sprechen Sie Fußball? Die schönsten Sprachfouls«

Es war aber vor langer langer Zeit, da freuten sich die Menschen, wenn die von ihnen verehrten Fußballspieler gut spielten und ge-wannen und anschließend nach Hause fuhren, um so viel wie möglich zu trainieren, auf dass sie beim nächsten Mal erneut gut spielten und gewannen. Die Spiele wurden auch im Radio oder Fernsehen übertragen und kommentiert von Reportern, die man von Angesicht nicht unbedingt kannte und die wenig Worte machten zu einem Spiel, das wenig Worte braucht: »Beckenbauer – Müller – Hoeneß – Beckenbauer – Tor – 3:1 für München.« Die berühmte Ausnahme des Berner Endspieljubels 1954 bestätigt die Regel.

Dann kam das sogenannte Privatfernsehen. Sittlich nicht gefestigte Politiker erlaubten sittlich nicht gefestigten Unternehmern, den Bildungsauftrag des Fernsehens umzudeuten. War bis dato der Sender dazu da, neben der Zerstreuung auch die Bildung des Empfängers nach Vermögen zu mehren, war nun der Empfänger dazu da, das Vermögen des ungebildeten Senders zu mehren. Das Fernsehen wurde zum Markt, sein Reden zum Geschrei, der Zuschauer zum Konsumenten und dessen berechenbare Vorlieben zur Quote: Je länger je mehr Kunden sich das ansehen, desto mehr zahlt die werbende Privatwirtschaft pro Sekunde.

Also dauert ein Fußballspiel, nur weil es zufällig beliebter ist als Synchronschwimmen oder politische Lehrfilme, heute nicht neunzig Minuten, sondern zweihundert. Also umwuchert es ein Gewebe aus Einführungen und Nachanalysen, in denen notgedrungen kindische Männer und unterirdischer Grafikquatsch dem von Bier und Redundanz betäubten Kunden noch ein- bis zehnmal zeigen, was er sah, und sagen, was er weiß, damit er bleibt, wo er sitzt, und schluckt, was sie ihm hinwerfen: eine Frechheit, die Wenigen Geld bringt, indem sie die Zeit der Vielen stiehlt.

Und also dürfen nach dem Spiel sich heute nicht einmal die Spieler erholen, sondern müssen, so steht's im Vertrag zwischen ihrem Verein und dem fernsehtreibenden Geschäftsmann (er würde Socken verkaufen, machte es ihn reicher), einem Reporter Rede und Antwort stehen. Und weil es nichts zu sagen gibt, aber beide reden müssen, klingt es etwa so:

»Ihre Mannschaft ist gut ins Spiel gekommen, aber nach zwanzig Minuten hat Bremen den Gegner unnötig stark gemacht.«

»Ja, wir waren voll fokussiert und sind gut ins Spiel gekommen, aber dann lief's plötzlich nicht mehr.«

»In der zweiten Halbzeit hat Ihre Mannschaft dann wieder klar dominiert.«

»Ja, da lief es wieder besser, und wir haben dann das Tor gemacht. Das war sehr wichtig für uns, das hat man ja gesehen.«

»Und dann aber doch fast noch der Ausgleich in der letzten Minute.«

»Ja, da kamen sie gut über links, und wenn er den reinmacht, steht's 1:1.«

Sinnlosere Gespräche sind schwer vorstellbar, und mehr Mitleid als die Spieler verdienen die Reporter. Sie müssen, darin den Spielern gleich, sprechen, wo der Unternehmer sie hinstellt, sie haben vielleicht Familie und vielleicht nichts anderes gelernt. Aber die Fußballer schon. Sie vollführen mit dem Ball unglaubliche Dinge, schießen wunderschöne Tore, fliegen hin und her, als ob sie tausend Lungen hätten, und glücklicherweise benötigen sie dazu kein Rhetorikstudium. Die meisten von ihnen wissen daher nicht, wie man nichts so sagt, dass es sich nach etwas anhört, ihre Syntax und Grammatik sind nicht immer druckreif, und gelegentlich versprechen sie sich in der Aufregung oder stolpern über ein Fremdwort, mit dem sie zeigen wollten, dass sie, zu alledem, gebildet sind. Besonders ängstliche Spieler identifizieren sich mit dem Aggressor, sie machen ihre Not zur Tugend und reden den verlangten Unsinn, ohne dass sie jemand fragt. Der arme Lothar Matthäus ist so einer, ein Weltfußballer.

Auch von den Trainern und Kommentatoren wird erwartet, dass sie in die Falle tappen, und weil schmutziges Geld ein dominantes Virus ist, formulieren längst auch einige von ARD und ZDF, als zahlten wir keine Gebühren. Darum reicht ein Spieltag, wahlweise zwei Stunden Suchmaschine, um mit den immergleichen sprachlichen Nullen und Unfällen ein Buch zu füllen, mit dem Autoren sich beweisen wollen, dass sie, anders als die Vorgeführten, Abitur sind. Sie spielen aber vielviel schlechter Fußball, und wenn sie vor Millionen betrogener Fernsehkunden Antworten auf dumme Fragen finden müssten, machten sie sich in die Hose. Ich stelle sie mir faul und geldgierig, unfreundlich und blasiert vor und darf mich also darüber freuen, dass kein Wort und kein Gedanke ihrer Bücher von ihnen ist.

Wenn ich den Scheiß schon halbwegs mitverbrochen habe.

Hab' Dank, der Deutschen Göttin Du!
Vom armen Land hast Du im Nu
Den schlimmsten Alp genommen.

Besiegt sind Kitsch, Pest, Lärm und Tod.
Hab' Dank! Denn wo kein Märchen droht,
Da mag der Sommer kommen.

Verdorrt liegt, ohne Feind und Ehr',
Das Unterschichtenfähnchenmeer.
Die kranken Autos schweigen.

So kehrt Vernunft ins Land zurück.
Ein schönes Land: Es nennt mit Glück
Silvia Neid sein Eigen.

TONI SCHUMACHER UND RAINER MARIA RILKE
Eine vergleichende Studie

 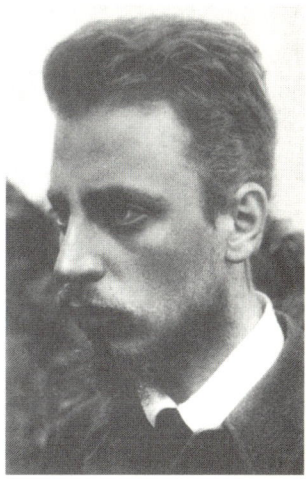

>*»Das sind eben die Situationen, wo man am liebsten mit
der Planierraupe das Geißbockheim niederwalzen möchte,
weil man so jeck ist und an diesem Club mit Leib und
Seele hängt.«*
>
> Toni über das Clubhaus seines Ex-Clubs 1. FC Köln

>*»Da stieg ein Baum. O reine Übersteigung!
O Orpheus singt! O hoher Baum im Ohr!«*
>
> Rilke, Sonette an Orpheus

Harald Anton »Toni« Schumacher (57), Ex-Nationaltorwart, mehr-
maliger »Sportler des Jahres«, zweimaliger Vize-Weltmeister, nach
Erscheinen seines Buches »Anpfiff« aus der Nationalelf gefeuert, Exil in der Türkei, Neuanfang bei Schalke, Abschiedsspiel mit
»Tonis Traumteam« im Frühjahr 1992 (0:2), anschließend Torwart-
trainer in Dortmund und Co-Trainer in Leverkusen, seit 2003 Geschäftsführer seiner Kölner Sportmarketingagentur »Sports First«;

Rainer Maria Rilke (137), nach Goethe auflagenstärkster deutscher Dichter, Verfasser zahlloser berühmter Verse und Prosawerke, befreundet mit dem Philosophen Friedrich Nietzsche, der Nietzsche-Freundin Lou Andreas-Salomé und Leo Tolstoi, liiert auch eine Zeitlang mit der Worpsweder Malerin Paula Modersohn-Becker, von 1910 an häufiger Gast der Fürstin Thurn und Taxis-Hohenlohe, ab 1923 Sanatorium Valmont (Genfer See):

Die Parallelen sind zwar ohnehin unfassbar. Sie gleichwohl vom Stigma des Zufälligen zu befreien und eine strukturelle Affinität zu behaupten, die in der Spezifik literarischer Moderne beziehungsweise Fußballbundesliga ihren Grund hat, unternimmt vorliegende Studie.

Zu beider Werdegang; Vermischtes

Als Rainer Maria Rilke im Dezember 1875 in Prag zur Welt kommt, ist an Toni Schumacher noch gar nicht zu denken. Und auch als Rilke 1927 stirbt und im französischen Rarogne begraben wird – von seltener Schönheit die von ihm verfasste Grabinschrift: »Rose, oh reiner Widerspruch, Lust, / Niemandes Schlaf zu sein unter soviel / Lidern« – auch zu diesem Zeitpunkt lebt Toni noch lange nicht. Toni wird praktisch 1954 geboren.

Der eine ist ein Lyriker und Romancier der Jahrhundertwende, der andere zwischen Sepp Maier und Bodo Illgner die Nr. 1 im deutschen Tor. Der eine findet nach jugendstilbewegten Anfängen sehr bald Anschluss an den Kreis der Wiener Moderne, an George zumal: Als Rilke 1905 die Arbeit am »Buch der Pilgerschaft« abschließt, ist er bereits ein geachteter Autor. Er korrespondiert mit Schnitzler, mit Tolstoi, den er im Jahre 1900 besucht. Im Herbst 1921 entdeckt er dann jenes kleine, im französischen Muzot gelegene Schlösschen, in das er bis zu seinem Tode immer wieder zurückkehren wird, um hier seine besten, recht eigentlich erst Rilkeschen Werke aufs Papier zu bringen:

»Ein Mal jedes. Ein Mal und nicht mehr. Und wir auch / ein Mal. Nie wieder. Aber dieses / ein Mal gewesen zu sein, wenn auch nur ein Mal: / irdisch gewesen zu sein, scheint nicht widerrufbar.«

Am 6. März 1954 allerdings wird Helga Schumacher, Ehefrau des Autoschlossers Manfred Schumacher, in einem Kölner Kreißsaal von Toni Schumacher entbunden. Anders freilich als Rilke, der in seinen ersten Jahren immer nur »Phia« gerufen ward und Mädchenkleider tragen musste, findet Toni früh zum Leder und marschiert schnurstracks in die E-Jugend von Schwarz-Weiß Düren. »Vom Stürmer bis zum Verteidiger habe ich da alles gespielt!«, wird er, später, über diese wichtige Dürener Zeit zu berichten wissen.

Über die Mittelrhein- und Westdeutsche Auswahl gelangt Rilke 1972 dann ins Kölner Geißbockheim, Quatsch: Toni. Und stößt erst einmal auf Hindernisse. Das größte: Mit Gerd Welz steht hier ein Topmann im Kasten. Aber nur bis zum 1.3. 1974: Da nämlich kracht er mit dem HSV-Verteidiger Hidien zusammen, ein Bluterguss muss aus dem Gehirn entfernt werden! Das ist Tonis Chance. Und er macht eine gute Saison.

Auch Rilke notierte schon sehr früh, im Frühsommer 1912, über einen kitzeligen Moment nach dem Ballabstoß: »Du Runder, der das Warme aus zwei Händen / im Fliegen, oben, fortgibt, / das glitt in dich, du zwischen Fall und Flug / noch Unentschiedener: der sich neigt / und einhält und den Spielenden von oben / auf einmal eine neue Stelle zeigt.«

Wer will sich da noch konzentrieren? Und wirklich: Als im Juli 1976 der notorische Zweifler Hennes Weisweiler zurück nach Köln kommt, wackeln erst mal die Wände! »Der Toni ist zu zappelig im Tor! Der wirft mit dem Hintern alles wieder um, was er mit seiner Hände Arbeit aufgebaut hat.« Aber dann, nach Tonis Klasseleistung beim '77er Pokalfinale gegen die Hertha aus Berlin, lenkt Weisweiler ein: »Toni, ich vertraue Ihnen. Sie sind meine Nummer eins.«

Nummer eins: Das war im Grunde auch oft Rilke.

Zudem haben beide ihre Lieblingstiere. »Rocky«, das bin ich, ganz genau getroffen!«, sagt Toni über seinen Highland-Terrier; er mag aber auch »Tobi«, seinen Graupapagei. Ein flüchtiger Blick in die 1908 erschienenen »Neue(n) Gedichte« und »Der neuen Gedichte anderer Teil« bringt Rilkes Vorlieben ans Licht: »Denn steigen sie ins Grüne / und stehen, auf rosa Stiefeln leicht gedreht / beisammen, blühend wie in einem Beet«, schreibt er über den Flamingo. Und über den »Hund« heißt es: »Nur manchmal, heimlich, kommt ein Ding und stellt/sich neben ihn, wenn er durch dieses Bild/sich drängt, ganz unten, anders, wie er ist.«

So weit, so erstaunlich; aber welchen beispielsweise Essgeschmack haben denn die zwei? Im Februar 1907 schreibt Rilke aus Neapel: »Ein Tisch mit Fischen war ungeheuer«, wo parallel für Toni kaum was über »Kasseler« oder auch »Sauerbraten mit Knödeln« geht. Nähert man sich dem Thema PKW, erweist sich Toni als rettungslos »vernarrt in aufgemotzte Opel Kadetts«; und auch Rilke hegte einige Bewunderung für den in Genf wirkenden russischen Schauspieler George Pitoeff (1884–1939). Schumachers Kinofavoriten sind, neben »Sylvester Stallone«, vor allem »Clint Eastwood« und »Charles Bronson«. Tonis größte sportliche Erfolge: Europameister 1980, Vize-Weltmeister 1982 und '86, Deutscher Pokalsieger 1977, '78 und '83, Deutscher Meister 1978, und Rilke kam im Turnen, zumal während seiner schlimmen Jahre auf der St. Pöltener Militärrealschule, über ein vollständiges »ungenügend« nie recht hinaus (vgl. Byong Ock Kim, Rilkes Militärschulerlebnis und das Problem des verlorenen Sohnes).

Vorläufig das Tollste: Beide sind praktisch gleichgroß und zweitens konstitutionell völlig identisch. Toni erreicht eine Höhe von 1,86 m und ist durchtrainiert bis in die letzte Muskelfaser. Die meisten seiner Abende verbringt er im Fitnesskeller, und »wenn ich unterwegs bin, nehme ich die Hanteln mit«; »Phia« ihrerseits galt als virtuell unsichtbar. Fotos existieren, auf denen Rilke ist und doch nicht ist: Kaum vermag suchendes Auge ihn dingfest zu machen. Rilke wusste das und kokettierte damit bei den Frauen: »Du bist so groß, dass ich schon nicht mehr bin«, schreibt er im »Stundenbuch«. Und folgendes Detail fand man in seinen Tagebüchern: »…küsstest du mich auf die Stirn und musstest dich tief neigen dazu.« Wenn eine Frau einen Mann auf die Stirn küsst und dabei strukturell Gefahr läuft, nach vorne wegzukippen, dann kann der Mann über 1,15 m kaum hinaus sein. Zwischen Rilke und Toni also doch wohl eine Art Höhendifferenz.

Sonst aber gerieren sie sich wirklich wie Zwillinge, wenn man z. B. von den Haaren absieht. Toni hat sehr kräftiges, langes, dunkelblond gelocktes Haar, Rilkes Haare waren extrem spisselig, schwarz und kurz und lagen sehr platt auf dem Kopf.

»Liebchen, mach mal Herkenrath!« – Drei Thesen

Die Affinität aber zwischen Toni und Rainer dankt sich weder nur körperlicher noch nur geistiger Verwandtschaft; noch auch erschöpft sie im bloß Anekdotischen sich: Ist sie doch allemal wesenhaft. Die Kalenderweisheit heutiger Psychologie: dass Kinder seien, welche in der Realisierung elterlicher Erwartungen derart aufgehen, dass sie zu Traumparaden respektive Spitzenlyrik regelrecht verurteilt sind, findet wie an Rainer so an Toni ihre vollste Bestätigung (1).

Das beide gleichermaßen auszeichnende Genialische bezahlen sie gleichwohl mit jener Wunderlichkeit, die allen Helden der literarischen Moderne und modernen Bundesliga eignet (2).

Als solche sind sie aber Projektionsfeld heilsgeschichtlicher Begehrlichkeit. Seit dem Tod Gottes werden nicht nur vom Poeten Wunderwerke verlangt: auch vom Torhüter. Der Satz »Toni zaubert wieder« hat eine mehr als metaphorische Wahrheit. Und das Individuum der postreligiösen Moderne gesteht die Fortdauer seines Bedürfnisses nach Göttlichem, Index seines Scheiterns, vollmundig ein, wenn es von Rilke so von Toni jene moralische, ja sexuelle Integrität verlangt, zu der es selbst nicht fähig ist und die es, dies das abermals Wunderbare, wahrhaftig geboten bekommt (3).

ad 1) Rilkes Vers aus dem »Requiem für Wolf Graf von Kalckreuth«: »Wer spricht von Siegen? Überstehn ist alles« unterhält mit Tonis 1986er Diktum: »Ich will Weltmeister werden, der zweite Platz ist für den Arsch!« eine gewiss nur inhaltliche Liebschaft. Die folgenden Äußerungen dagegen: die in einem Rilkeschen Brief enthaltene »Ich habe die Erfahrung gemacht, dass sich Äpfel, oft noch während des Essens, in Geist umsetzen« und Tonis Feststellung nach dem '86er Endspiel gegen Argentinien: »Präsident des 1. FC und Prinz Karneval in Köln sind die Wünsche, die ich mir im

Leben noch erfüllen muss« sind identisch bis hinein in Wortwahl, Syntax und Semantik. Wie kann das sein?

Nun: »Sie (Rilkes Mutter, d. V.) hielt ihn an, Gedichte auswendig zu lernen; sie las ihm vor, wenn er krank im Bette lag« (Kim). Die totale Kongruenz mit Toni: »Liebchen, mach mal Herkenrath!«, heißt es im Kreise der Familie Schumacher, im Düren der späten Fünfziger. Überflüssig der Hinweis, dass Herkenrath Torhüter war in jenen Jahren, einundzwanzigfacher Nationaltorwart aus der Mannschaft der Essener Rot-Weißen. Und hopp, Klein-Toni hechtet:

»Hopp, Klein-Toni hechtet nach rechts aufs Sofa, hopp, taucht nach links unter den Tisch, hopp, faustet einen imaginären Ball durchs geschlossene Wohnzimmerfenster. Die Nummer hat er schon drauf, da geht er noch nicht mal zur Schule.«

Den von den Eltern gezeichneten Weg werden beide nicht mehr verlassen – und sind bald am Ziel. Nach dem Abschluss jener »Duineser Elegien«, die als Climax seines Schaffens gelten, schreibt Rilke an Frau Fürstin Thurn und Taxis-Hohenlohe:

»Eben… ist sie fertig! – Alles in ein paar Tagen, es war ein namenloser Sturm, ein Orkan im Geist, alles was Faser ist in mir und Geweb, hat gekracht. Aber nun i s t s. Ist. Ist. Amen.«

Ist ist Amen aber auch für vier Elfmeter, die, Jahrzehnte später, Toni rausholt: beim WM-Halbfinale 1982 und beim Viertelfinaldrama '86 gegen Mexiko: 87. Minute, Spielstand 0 : 0 – da wehrt Toni einen Böller von Negrete aus acht Metern ab! Mexikos Hugo Sanchez hebt Toni in die Wolken: »Das Denkmal von Deutschland heißt ab heute Toni Schumacher.«

Genialität besitzt jedoch noch allemal ihre eigene Dialektik: die von Produktivität und Krise. Eben 40-jährig, durchlebt Rilke eine Phase vollständiger »Verschlossen- und Verdrossenheit«, in einem Brief aus dieser Zeit heißt es: »… dass ich mich seit einem Jahr durch eine Wüste von Nicht-begreifen-können und Schmerz fortschleppe; es fehlt mir die geringste Erleichterung durch Tätigsein.«

Toni: »Ich bekam drei Schüsse, die waren alle drin. Ich war der letzte Arsch.« Tonis Crisis ist präzis, ist minutiös zu datieren: auf die

22. Minute des '86er Endpiels gegen Argentinien. Matthäus holt Maradona von den Beinen; Freistoß. Burruchaga schlenzt das Ei von links vor Schumachers Tor. Der Ball ist angeschnitten, wird immer länger. Und dann – und dann –

»Schumacher aus dem Tor, für einen Moment durch die Luft geflattert wie ein riesiger Zitronenfalter, ganz in Gelb. Mitten im Flug aber ins Taumeln geraten, die Flügel sinken lassen, weil unerreichbar der Ball«: So schreibt, am Ende jenes Jahres noch, der Sportreporter Eibele. Auch seine Kollegen Reski / Schröder rätseln, warum Schumacher den Ball nicht erreicht: »Warum erreicht Schumacher den Ball nicht? Ein Rätsel… An schwarzen Tagen freilich kann im Mikrokosmos Mensch das Gleichgewicht zusammenbrechen. Er hat geglaubt, der Ball komme zu ihm. Und dann die plötzliche, fürchterliche, niederschmetternde Erfahrung, dass der Ball nicht zu ihm kommt.«

ad 2) Den Weg der Gewöhnlichkeit muss verlassen, wer einen Zugang zu dem sich verschaffen will, das abseits liegt: abseits jener Mauer, der es die Menge dankt, dass sie in Rand und Band gehalten wird (eine wunderbare Formulierung). Der Sprung darüber aber geht nicht ohne Schäden ab: »Während der Weltmeisterschaft in Mexiko hatte die deutsche Mannschaft einen Swimmingpool, und alle, von Rummenigge bis Immel, haben sich dort geaalt. Nur einer nicht.«

Einer trainierte mit der Hantel. »Er wütet, bis ihm die Hände bluten. Er quält, er martert sich.« Handkes »Riss durch die Existenz«; Rilkes Satz, es sei sein »Los, gleichsam am Menschlichen vorbei, ans Äußerste zu kommen«: letztendlich ja doch Synonyme für »Sorry, ich bin auch nur ein Indianer« (Toni). Und, nach dem Endspiel gegen Argentinien: »Ich habe mein Bild an die Wand gehängt und es beschimpft!«

ad 3) Dies darf man nicht nur, dies möchte man glauben. Das Interesse an der Wunderlichkeit des Helden speist sich mehr als aus einem voyeuristischen Bedürfnis aus einem mächtig religiösen. »Der Beter Rilke« oder »Die Weltangst des modernen Menschen und ihre Überwindung durch R. M. Rilke« sind die repräsentativen

Titel zweier Rilke-Exegesen. Und Reski/Schröder ihrerseits konnten aufdecken: »Montags ruft die 80-jährige Omi aus dem Altersheim an. ›Toni, Sie haben mir soviel Kraft gegeben‹.«

Wie auch Rilke. In seinen vielleicht wahrhaftigsten Versen nennt er den Tod groß und uns die Seinen lachenden Munds, aber mitten in uns wagt er zu weinen, wenn wir uns mitten im Leben meinen:

»Der Tod ist groß. / Wir sind die Seinen / lachenden Munds. / Wenn wir uns mitten im Leben meinen, / wagt er zu weinen / mitten in uns.«

Gleichlautend Toni: »Ist gebumst worden oder nicht?« – »WM-Sex – 5 Frauen im deutschen Quartier« hatte er in *Bild* lesen müssen; es ging um »fünf heiße Senioritas« und »hundert Dollar«. Bei einer Sitzung zwischen der Delegationsspitze Beckenbauer, Köppel und Vogts sowie dem Spielerrat (Magath, Rummenigge, Schumacher) drängt nur Toni auf schonungslose Aufklärung: »Wir verteilen jetzt Zettelchen, und jeder schreibt nur ja oder nein drauf.«

Die anderen sind in der Überzahl. Sie sind vielleicht ja schuldig. Sie schmettern Tonis Vorschlag ab. »Sie gehn umher, entwürdigt durch die Müh, / sinnlosen Dingen ohne Mut zu dienen, / und ihre Kleider werden welk an ihnen, / und ihre schönen Hände altern früh.«

Toni Torhüter und Rainer Maria Rilke: eine Duade. Eine Symbiose? Jawohl. Ist je denn wieder einer ohne den anderen zu denken?

Literatur:

Leppmann, Wolfgang: Rainer M. Rilke, Scherz Verlag 1981

Eibele, Hans: Schuss und Tor, München 1986

Kim, Byong Ock: Rilkes Militärschulerlebnis und das Problem des verlorenen Sohnes, Bonn 1973

Reski/Schröder: Toni Schumacher. Sein Weg zur Weltspitze, Lübbe 1987

Holthusen, Hans E.: Rilke, Hamburg 1958

GEWINNER DES MONATS
JUNI 2011: SEPP BLATTER

Im Juni wählte man dies Lamm,
Nicht den Katarer bin Hammam,
Erneut zum Boss der Fifa.

Der Gegner galt als chancenreich
Und zog dann plötzlich still und bleich
Zurück und sank noch tifa:

Es heißt, er habe korrumpiert
(Was Blatters Sepp ja nie passiert).
Die Jauche hat ihr Gutes.

Bald soll ja die WM, harhar,
Mal just ins kühlende Katar.
Erst jetzt ist klar: Sie tut es.

GEMEINHIN, JÖRG SCHREIBER,

fliegt die Seele eines Verstorbenen ja per Lichttunnel zur Rechten des Allmächtigen, aaaber: »Es kann passieren«, so berichteten Sie der Münchner *tz*, »dass sie bei einem Unfall aus dem Körper rausgeschleudert wird, dass sie den Tod gar nicht mitbekommt. Oder es geht um Hass, Eifersucht oder Besitzgier. Es sind einfach alle Extremgefühle oder eine Sucht, die dazu führt, dass die Seele erdgebunden bleibt.« Wo sie dann herumspukt, und beileibe nicht nur in alten Schlosskellern oder wo, sondern vorwiegend »in Privathaushalten, Friseurläden und Kneipen. Was glauben Sie, wie viele Geister von Säufern über den Zapfhähnen schweben!« Dort sehen Sie sie, lieber Jörg Schreiber, denn Sie sind Geisterjäger (46), und Sie sehen sie »leicht nebulös, weißgrau bis bläulich. Manchmal sehe ich auch Schlieren oder eine Art Schleier«. Just diesen armen Seelen also möchten Sie ins andre Leben helfen, und wenn es nicht gelingt, »durch reine Energiearbeit ein Fenster zwischen Diesseits und Jenseits aufzumachen, dann brauche ich Gewalt. Dann versuche ich, sie zu packen und rüberzudrücken. Aber natürlich muss man aufpassen, wenn plötzlich eine Nähmaschine durch die Gegend fliegt«.

Herr Schreiber: bon. Doch wenn Sie das nächste Mal leicht bläulich aus der Kneipe kommen und daheim statt durch die Tür mit voller Energiearbeit durchs Fenster rumpeln: Haben Sie keine Angst. Denn was diese in der Tat erschreckend unverrückbaren und weißgrau nebulösen Schleierseelen gemeinhin durch die Gegend schmeißen, sind gar keine großen Nähmaschinen! Sondern süße kleine Nudelrollen.

MfG: Ihr Geisterjägermeister

AUCH NICHT SCHLECHT, UNBEKANNTER FRANK-FURTER!

Sie haben, wie die Lokalgerichtspresse verriet, rotzbesoffen vor der Wohnungstür Ihrer türkischen Nachbarn randaliert und, so Ihre Wortwahl, »die Kanaken« aufgefordert, das Land zu verlassen: »Deutschland den Deutschen! Ausländer raus!« Die gerufene Polizei traten, beschimpften und vermöbelten Sie. Ein andermal bauten Sie sich, ich zitiere, »vor einem Lokal im Gallusviertel auf, in dem er zu viele Ausländer vermutete. Mit erhobenem rechten Arm entbot er den Hitlergruß und schrie: ›Ich bin ein deutscher Nationalsozialist, Heil Hitler, Deutschland den Deutschen, Ausländer raus!‹«

Und wissen Sie was: Das haben Sie fein gemacht. Denn schöner bewies die integrative Kraft des deutschen Passes, wie Sie einen haben, noch selten ein Esel algerischer Abstammung, wie Sie einer sind.

Die Menschen erzählen von Drachen, weil es Saurier tatsächlich gab, und sie fürchten Gespenster, weil es sie wirklich gibt. Seit Wochen beobachte ich ein neues Mitglied unseres Viertels, einen leicht hinkenden, Stock und Mütze tragenden Endverbraucher auf dem Sprung ins Greisentum. Tagaus tagein wankt er durch unsere Ladenstraße und schimpft dabei die recht verwunderliche Buchstabenreihe »Mnfschschehsan… aigensfffodnimäa!« heraus. Dazu gibt er ein hassendes Gesicht zum besten und schüttelt hin und wieder gar den Stock gegen Gruppen von Passanten.

Lange Zeit hielt ich ihn für ein Opfer komplizierten Leidens, doch seit gestern weiß ich's besser. Da nämlich lief er geradewegs auf einen engagiert palavernden Afrikanerreigen zu, schüttelte sein Stöckchen und schimpfte wieder: »Mnfschschehsan… aigensfffodnimäa!!« Und ich begriff: Er ist ein deutscher ganztags blauer Naziblödian. »Mnfschschehdsan… aigensfffodnimäa!!«: »Man versteht sein eigenes Wort nicht mehr.« Ein Ereignis von nicht geradewegs prustendem, aber doch eigentümlich selbstdrehendem Witz.

Doch Einkaufsstraßen sind das Mekka aller Haupt- und Nebenwidersprüche, und so folgte neulich wiederum Gespenstisches. Interesselos flanierte ich die Shoppingmeile rauf und runter, gab Straßenmusikanten 50 Cent und schnappte dann ein zweisätziges Duett auf: Sie, Ende 40, pisseliger Struwwelkopf, Hornbrille, beigefarbener Mantel; er etwas älter, betrunken, äußerst dick, sehr hässlich, in einem Rollstuhl sitzend. Das Duett:

Er: »Als ob ich auf… auf die blöde alte Fotze angewiesen wär!«

Sie: »Ach was! Bist du nicht!«

Ende des Duetts. Bis heute weiß ich nicht die Identität der »blöden alten Fotze«. Ich weiß nur sehr genau, dass ich in mich sah und dort auf folgende stumme Replik stieß: »Natürlich bist du ruinöser Rollstuhlsack total auf jene Dame angewiesen, du dicker, hässlicher, saudummer Säuferkrüppel du!«

Kurzum: An jenem Tage lud ich Schuld auf mich. Wenn Gott

mich trotzdem in den Himmel nimmt, erzähle ich ihm eine alte Anekdote aus den ersten Tagen nach dem sogenannten Mauerfall. Sie stammt von meiner Essener Gewährsfrau bei der Deutschen Bundesbahn und geht so:

Ein Erfurter Rentnerehepaar sei schimpfend an ihren Schalter getreten: Wo denn das Begrüßungskomitee bleibe? Und für die Stadtführung werde man nicht eine der verlangten zehn DM bezahlen! Laut meiner Gewährsfrau stand in einem in Erfurt verteilten Prospekt der Stadt Essen: »Besuchen Sie uns! Wir würden uns freuen, Sie einmal in Essen begrüßen zu dürfen. Für eine Stadtführung stehen wir gern zur Verfügung.«

Zwei Tage vor Weihnachten gab's für die Elterninitiative leukämie- und tumorkranker Kinder Würzburg, die kleine Krebspatienten und ihre Familien im (Klinik-)Alltag und die Forschung unterstützt, eine Spende in Höhe von 100 000 Euro. Im Bild von links: Prof. Christian Speer, Monika Demmich und Angelika Müller von der Elterninitiative, Rüdiger Fehr vom Bestattungsunternehmen Apfelbacher & Fehr aus Bad Kissingen und Prof. Paul-Gerhardt Schlegel.
FOTO SABINE DÄHN-SIEGEL

(aus: Würzburger Nachrichten, 22. 12. 09)

EIN FOTO UND SEINE GESCHICHTE

Vier stellten sich zum Trauerbilde,
Und ihre Herzen felsenschwer.
Beidseits stand Medizinergilde.
Der Blick der Mütter stimmte milde:
Sie hatten keine Tränen mehr.

Ein fünfter kam, wie sie verschattet.
Dann wuchs in ihm ein Freudenfest:
Das Beisein wurd auch ihm gestattet,
Obwohl er Kinder, auch, bestattet.
»Doch wenn du Kohle springen lässt …«

Er ließ. »Guckt, wenn ihr's nehmt
(Weil's neue letzte Hoffnung macht),
Als ob ihr so dem Tod entkämt.
Ich guck wie einer, der sich schämt,
Weil er, zuletzt, am besten lacht.«

Noch lange standen sie dann so:
Vier grabestraurig, einer froh.

Die wahre Reportage
HEILIGE MARIA IN SIEVERNICH

Es war einmal an einem kühlen Herbsttag, da geschah recht Selt- und Wundersames im zwischen der A1 und der B264 postierten Eifeldörflein Sievernich. Weil nicht allein aus Gülvenich und selbstverständlich Düren/Zülpich, sondern auch aus Nippon samt Peru und Südamerika strömten nahezu dreitausend Anhänger und Gläubige des orbitalen Jesusmütterchens herbei, denn haltet euch fest: Die gebürtige Gülvenicherin Manuela (35, Hausfrau, 1 Sohn) hatte eine mittlerweile dritte Licht- und Worterscheinung der Heiligen Jungfrau für Punkt 17 Uhr versprochen und geweissagt.

Leichter findet, weiß die Bibel, ein Kamel durchs Nadelöhr als zwei Berichterstatter störungsfrei durch die wahrlich zahlreichen Kreisverkehre der Vor- und Niedereifel; wer die Orientierung einmal einbüßt, wird weit hinausgetragen in diesen endlos dämmernden Kreis Düren mit seinem zehn Trillionen Morgen großen Acker- und Kuhweideland, dreht um und um, dann allerdings, wie aus dem Nichts,

das Richtungsschild: »Sievernich 13 km«. Ferne Höfe schauen klein ins Autofenster, eine graue Wolkendecke über kalter Luft, Regen fällt, hört wieder auf, graurot verwest ein Fuchs im Graben. Zur Rechten stehen tausend Autos hauteng auf dem Parkstreifen des Dorfumgehungshighways, den highwaynahen Wiesen, Hofeinfahrten, Pfützensümpfen. Zur Linken liegt, der Kirchturm und drei einsehbare Ziegelhäuslein sind Beweis genug, ein Menschendorf. Vom letzten freien Parkplatz stoßen wir ins Siedlungsinnere.

Kirchliche Geräusche leiten uns. Nach vierfünf braun bis käsegelb verklinkten Niedrighausfassaden führt der Gehweg »Zur alten Schule« allerdings zur alten Kirche, das orgelunterstützte *Großer Gott, wir loben dich* wird laut, und viele hundert Menschen singen betend unter den zwei Kastanien, die den links liegenden Kirchfriedhof vorm frontal sich duckenden Jugendzentrum und den rechts liegenden Spielplatz zum Dorfzentrum vereinigen. Landmänner sind's und ihre Frauen, stehend teils, zum Großteil auf dem mitgebrachten Klappstuhl sitzend, Thermoskannen voller Tee und Kaffee und daheim geschmierte Stullen auf dem Schoß. *Ave Maria, Mutter Gottes, der Herr ist mit dir, du bist gebenedeit unter den Frauen*, eine wohl bald Hundertjährige mit wasservollen Waden unterm gelben Wollstrickmantel und rosabraunen Stützstrümpfen kann sich kaum auf ihrem Korbstuhl halten, stets sackt sie fast zu weit nach rechts, bevor der Beter neben ihr sie aufrechtstupst.

Kaum jünger sind die anderen Besucher. Sie wirken auf den arroganten Städter komisch schlicht in Kleidung, Habitus, Begehr und durch die Bank vor allem eines: elend. Das Wort vom geistigen Menschen, fand der Philosoph Adorno, sei weniger scheusslich als die Tatsache, »dass es Menschen gibt, die es nicht sind«; die hier versammelten Leidenden und Getretenen rund um die Pfarrkirche St. Johann vertreten nicht die Ansicht, die Infamie des Lebens sei geistig irgend abzufedern und je mental zu tragen: Barock betteln sie um Erlösung, um Heilung oder Einlass ins Himmelsreich.

Alte Frauen mit schwarzem Hautkrebs im Gesicht, Eltern mit schrecklich behinderten Kindern, alte Männer mit Krückstock oder Blindzeichen, sie alle stöhnen unter Daseinspein. Lila-Stola-Pfar-

Niedereifel, 7.10., 14 Uhr.
In drei Stunden kommt die
Gottesmutter

rer nehmen, auf dem Friedhof verteilt und geschützt von rotweißen Absperrbändern, Beichten entgegen.

Einer hört, die Arme vor der Brust verschränkt, einer alten Frau zu, ihre Handtasche lehnt an ihrem Fuß, sein rechtes Ohr schenkt ihr der Gottesmann, der Abstand zum Mund der Sünderin beträgt doch freilich einen Meter, so geht es, denkt man, pastorale Würde hin und Etikette her, ja letztlich nicht. Der Mann versteht, derweil die kirchinterne Liturgie nach draußen übertragen und von den hier Versammelten gleichlaut mitgesungen wird, vermutlich keine Silbe!

So beichten die zu spät Gekommenen. Die von den Gräbern rund umkränzte Kirche ist halt voll, und nur wenn jemand herauskommt, darf jemand hinein. In knapp zwei Stunden wird an ihrem heiligsten Ort, dem Altar der kleinen Sakristei, die Gottesmutter Maria erscheinen und verkünden.

Ebenso geschah's am 15. April und 13. Mai des Jahres. Seit langem schon kommt der wöchentliche Mariengebetskreis »Blaue Oase« in Sievernich zusammen, frommste Bauernweiber allesamt, und früh trat die spezielle Manuela, 35, im Nachbardorf gebürtig, Mutter eines Sohnes, in engeren Kontakt zur Jungfrau Gottesmutter. Inzwischen sind Visionen Usus. Nicht nur an den obigen zwei Hauptterminen, sondern immer wieder zieht sich die Voreifelmama solo in die Sakristei zurück, sieht dort die leibliche Madonna schwebend weißgewandet neben dem Altar und notiert deren Botschaften. »Ehrt das Sakrament der Ehe! Seid eins mit meinem geliebten Sohn! Betet ohne Unterlass!« Vatikankonforme Botschaften mithin, und das mächtige Aachener Bistum sieht deshalb bis dato keinen Anlass für Scheiterhaufen oder Normenkontrollklage; allein die Großaufmärsche, steckte man der Seherin, seien mit dem heutigen Termin dann auch genug.

Den säkularen Ortsvorsteher freut's. Sein 400-Seelen-Dorf sei »schlicht zu klein für Tausende von Pilgern«, sei infrastrukturell vollkommen überfordert und werde »praktisch plattgemacht«; von den siebentausend Euro für Ordnungskräfte und Toilettenwagen nicht zu reden!

Als ob es um Geld ginge. Zwischen Jugendheim, Friedhof und einem Dutzend Schauender steht, in alter Jeans und mehreren Pullovern, der Voreifelölmaler Karl Hackstein und malt die Jungfrau Maria mit weißem Kleid, himmlisch heller Aura und huldvoll rechtsgeneigtem Kopf; »Maria, die Makellose« heißt das Werk. Auf den Einwand einer Pilgerin, auch sie habe vor zwei Jahren eine Marienerscheinung empfangen, da habe die Mutter Gottes aber anders ausgesehen, antwortet Karl Hackstein demutsvoll: Nach Manuelas Vorgaben habe er das Bild gemalt und dann dauernd korrigiert, bis es laut Seherin stimmte; eine »recht anstrengende Zusammenarbeit« sei es gewesen, ständig habe die Seherin geschimpft: »So nicht, nein, so auch nicht, so nicht … jaa, soo!« Gänsehaut habe er beim Malen des Originals gehabt und regelrecht verspürt.

Vorm Jugendheim verkauft man Dorfansichtskarten, Kleinstdrucke der Hackstein-Madonna und Kopien mit Mariengesängen. Ein

Schild besagt: »Postkarten und Poster des Marienbildes von Karl Hackstein gibt es an den Verkaufsständen im Ort sowie in Anni's Markt. Ein großer Teil des Erlöses fließt einem gemeinnützigen Projekt zu.« Die Standfrau bezweifelt, dass das Aachener Verdikt von Dauer sei, »der Bischof kann doch nicht bestimmen, wie oft die Madonna erscheint«, dann meldet sich über Lautsprecher wieder der Pfarrer.

Wir singen die Vesper vom Heiligen Geist, 253, der Psalm: Sende aus deinen Geist, und das Antlitz der Erde wird neu. Ein dreistimmiger Chor fällt ein: *Sende aauuus deinen Geeisst, und das Aantlitz der Eeerde wird neu,* zweimal, dreimal, viermal, schrecklich schief, die schlecht gestimmte Orgel schmerzt. *Herr, wie zahlreich sind deine Werke, wie zahlreich hast du sie alle getan. Die Erde ist voll von deinen Jüngern, sie alle warten auf dich, dass du ihnen Speise gibst zur rechten Zeit. Öffne du ihnen deinen Arm, sie halten sich an deine Gebote. Gibst du ihnen deinen Atem, so finden sie dich und kehren zurück zum Staub der Erde. Sende aauuus deinen Geeisst, und das Aantlitz der Eeerde wird neu. Der Herr freut sich seiner Werke, er rührt die Menschen an, und sie rauchen* oder was, mein Diktiergerät, ich geb es zu, ist zwanzig Jahre alt, *ich will dem Herrn singen, solange ich lebe, ihn in mein Wort schließen, solange ich bin. Sende aauuus deinen Geeisst, und das Aantlitz der Eeerde wird neu.*

Um geht die Zahl von mittlerweile knapp eintausend Pilgern. Stetig strömen neue nach, vor allem Eifelmenschen, hier und da Japaner, Andenvolk, auch ein bekehrter Dunkelhäutiger taucht auf, so schwillt die Menge, füllt den Platz, schließt die Augen und rezitiert in innigster Versunkenheit Liturgisches. Die Plätze werden knapp. Hier drängt ein Mütterchen sich zwischen Biotonnen einer angrenzenden Gemüsezucht, dort setzt sich, da die Spielplatzbänke schon vergeben sind, ein alter Mann auf den Sandkastenrand, öffnet sein Gesangsbuch und überlegt, ob die freien Rutschen- und Schaukelpferdchenplätze komfortabler wären. Grad als ein juveniler SAT1-Fernsehjournalistenhaufen sich nach Opfern umschaut, brettern Kampfbomber über uns hinweg. Letzte Warnung des Bistums? Grußbotschaft des

Vatikans? Eine der weltweit und sehr zahlreich interessierten Websites hat für heute immerhin ein Papstauftauchen avisiert.

16 Uhr, in einer Stunde erscheint Maria. Am Tisch der SAT1-Bande kommen wir zu sitzen, sie sondert Witze ab der Art, dass man »natürlich mal beichten müsste, hehe«. Auch fehlen den Rackets noch Bilder, insgesamt ist es heute »weniger ergiebig als im Mai, wo saugute O-Töne dabeiwaren, na ja, vielleicht ein Zweidreißiger diesmal«. Über solche Lumpen mögen die Pilger sich zu Recht empören; ihre wiederholte Drohung gegenüber mir und dem mich begleitenden gutartigen Fotografen (»Gott wird euch strafen!«) ist aber nicht weniger schweinisch als die Behinderung des Sohnes einer Romafamilie am Nebentisch. Das Kind ist spastisch gelähmt, der mühsam in den Mund gehievte Brei fließt ihm den Hals hinunter, aber außen. Sein viel zu dicker Vater trägt am blauen Ausgehanzug einen Sticker der Blauen Oase.

Wie und ob sich denn »die Fleischeslust mit dem Glauben vereinbaren« ließe, schreit die SAT1-Frontfrau dann in einen Wurststand hinein. »Macht Beten wohl doch nicht satt, hahahaha!« Was bleibt dem Metzger übrig, als laut mitzulachen.

16.30 Uhr, noch eine halbe Stunde. Durch alte Finger gleiten Rosenkränze, Strickmützen ersetzen die Kopftücher, wer heute kein Ölzeug hat, wird morgen inhalieren. Bei drei Grad plus bevölkert Personal aus den Hadesträumen Brueghels des Älteren die Sievernicher St. Johann-Pfarrkirche und singt: *Jesus, ich vertraue, Jesus, ich vertraue, Jesus, ich vertrau auf dich. Jesus meine Rettung, Jesus meine Rettung, Jesus meine Rettung.* Wegen einer Unachtsamkeit des Malers Hackstein droht allerdings die Großkopie mitsamt Staffage hinzuknallen, sekundenbruchteilschnell springt ein hinter ihm Bestaunender hinzu und fängt die Jungfrau auf. Wie Supermann mit Zeitlupenblick, ein Wunder! Und dann erscheint – zumindest mal der Pfarrer.

Wäre seine schwarze Kleidung nicht sakral, er ginge durch als ein Berliner imagehalber schwuler Action-Painting-Galerist, kahl und

urlaubsbraun und irgendwie gefettet, wie er ist. Und er lächelt. Das erste Lächeln unter tausend Weinenden. Lächelnd schwebt der Gottesmann durch die Gemeinde, so viele Gläubige auf einen Schlag, es ist sein Tag. Der Lautsprecher verkündet: *Wir machen zehn Minuten Pause, ich bitte Sie, auch weiterhin so gut die Stille zu halten.* Man hält. Minutenlang erfüllt die Luft allein mein Husten.

Wortreicheres gibt's nach wie vor nur dann, wenn allzu eitle Dumme ans Fernsehen fallen. *Vor zwei Jahren,* spricht eine ins Privat-TV, *hatte sich ein Marienseher in einer Nachbarspfarrei angemeldet. Schon vor seinem Eintreffen bemerkte ich in einer ansonsten stockdunklen Vertiefung der Kirchmauer ein gleißendes Licht, helle Streifen, klein, aber sehr hell, ich fühlte mich warm, unglaublich aufgehoben, es hörte dann auch auf zu regnen. Dann kam der Seher. Ich wünsche und hoffe, dass ich so etwas heute noch einmal erleben darf.*

Anschließend spricht es wieder aus der Kirche: *Wir wollen jetzt zusammen den Kreuzweg gehen und damit zur Erlösung der Menschheit beitragen.* Da es wegen der Enge keinen Kreuzweg gibt, werden die nun folgenden Maria-Fürbitten stehend gebetet. Während die Stimme bittet, dass man sich nach jedem Passus kniet und wieder erhebt, flüstert mir der Teufel etwas zu: »Sieh doch, diese lustvoll leidensvollen Weiber überall. Sieh, wie sie bedauern, dass sie nicht Maria sind, dass ihre gottverfluchte Leibesfrucht nicht auch am Kreuz hängt, sondern in der Disco Zülpich. All diese bleichen Kreuzungen aus Madonna und bewusst frigiden Sterbehelferinnen …«

Maria, komm und hilf!

Statt ihrer kommt erneut der Pfarrer, sucht ein Mikrofon und findet's: »Guten Tag, wer sind Sie denn?«

»RTL.«

»Kommen Sie, wir können uns gern unterhalten. Wissen Sie, Manuela ist eine glaubwürdige, seelisch nicht im geringsten gestörte Mutter eines Kindes, ich kenne sie seit zwei Jahren, ich bin ihr Beichtvater. In der Presse steht übrigens viel Unsinn. Der Aachener Bischof ist nicht gegen Manuelas Tun, nur die Rummeltermine sollen aufhören. Ich kann nicht sagen, ob die Visionen tatsächlich stattfinden, Manuela ist ja allein in der Sakristei. Gut ist aber auf jeden Fall, dass so viele Menschen zum Beten kommen, auch Jugendliche und Jüngere zum Beten und zum Beichten, so volle Kirchen sind doch selten.«

So volle Plastiktüten auch. Aus einer guckt ein fetter Spitz heraus, seine Halterin strebt, leicht wankend, auf SAT1 zu, eine blaue Oase, die nicht länger dichthalten mag. *Aachen,* schreit sie, *wird die Erscheinungen nicht verbieten! Wenn die Sakristei nicht mehr zugänglich ist, erscheint Maria halt neben der Kirche, auf dem Friedhof!* Sie guckt und zuckt und überventiliert, kichernd füllt die Fernseh-Gang den fälligen Zweidreißiger: *Als ich im Mai nach der zweiten Marienerscheinung noch in der Sakristei war und die Stelle fotografiert habe, an der Maria erschien, waren auf dem Bild seltsame Lichtblitze zu sehen gewesen!* Augenklappern, Stammeln, Busenwogen. Schnitt.

Eiskalte Füße zwingen uns zum Rundgang. Zwei Jugendliche lungern kirchensüdseits, beide heißen Patrick. Manuela habe zu viele Drogen genommen, wahrscheinlich sei auch heute im Weihwasser etwas drin, »da muss mit Sicherheit was drin sein, andernfalls sieht man keine Madonna«. Patrick II berichtet, dass Manuelas Schwester Kontakt zu Außerirdischen unterhalte, auch haben ihre Eltern sie wohl früh ermutigt, ihre seherischen Kräfte zu trainieren.

»Es ist aber schon ein bisschen Lärmbelästigung. Wir wohnen neben der Kirche, den ganzen Tag diese Gesänge und Gebete, man kann kein Fenster aufmachen.«

Dann aber dann: 17 Uhr! Während Manuela heimlich in die Sakristei geschlüpft ist, startet vor der Kirche der letzte Gebetskreis. Rollstühle werden endpositioniert, Fürbitten köcheln innig. Andererseits: diese Kälte! Erste Journalisten ziehen ab, der Bistumspressesprecher schätzt die Pilgerzahl nun doch auf fast dreitausend, in der Sakristei guckt Manuela einsam an die Wand, wir verdrücken uns in »Anni's warmen Markt«, löffeln Broccolicreme, hören zwei mitspeisenden Frauen zu und nennen sie Olek und Bolek.

Olek: »Oktober ist ja traditionell Rosenkranzmonat, und in der Kubakrise 1962 habe ich mit meiner Gebetsgruppe eine Woche lang Tag und Nacht gebetet, schon kam die Meldung, dass die Krise entschärft ist!«

Bolek: »Es wird halt zu wenig gebetet, jetzt andauernd diese Fluten im Osten und der ganzen Welt …«

Olek: »Sintflut!«

Bolek: »Genau.«

Dann, später, schlägt es achtzehn. War sie denn nun da? Keiner sagt uns was, nur eine sagt: »Ich sag Ihnen nichts. Und was die Gottesmutter sagte, erfährt allein die Blaue Oase.«

So ist es. Die Sakristei bleibt zu. Nur einmal tragen Kirchenkräfte eine schwarze Kiste voller weißer Handtücher hinein, denn dunkel sind die Riten der Gotteskinder. Auf dem Friedhof aber kommt's nun hörbar zum Finale. Vielhundertkehlig ist das Brummen und das Singen, leiernd wie die schrägen Flöten der Lumpen- und Alteisensammler, fast unmenschlich klagend, knechtisch, hysterisch, finster, der Soundtrack zu jedweder Hexenverbrennung.

Mutter, rette uns durch die Liebesflamme deines unbefleckten Herzens, Mutter, rette uns durch die Liebesflamme deines unbefleckten Herzens Mutter, rette uns durch die Liebesflamme deines unbefleckten Herzens Mutter, rette uns durch die Liebesflamme deines unbefleckten Herzens …

Seniorenbus

Freie Fahrten zum Friedhof

Die Gemeinde Hohenbrunn bietet einen Senioren-Bus an, mit dem alle älteren sowie auch alle gehbehinderten Bürgerinnen und Bürger kostenlos zum Friedhof Hohenbrunn und wieder zurück fahren können. Unser Bus wird Sie 14-tägig immer mittwochs von 10.00 Uhr bis 11.30 Uhr von zu Hause abholen und dann zum Friedhof Hohenbrunn und wieder nach Hause fahren. Um den Service nutzen zu können, müssen Sie lediglich zuvor bei der Gemeinde Hohenbrunn (Telefon 081 02-8 00-0) anrufen, Ihre Adresse mitteilen und eine Abholzeit vereinbaren. **Der nächste Termin des Fahrdienstes ist am 30. März 2011.** Wir würden uns freuen, wenn Sie von diesem Angebot regen Gebrauch machen.

(aus: Südostkurier 16. 3. 2011)

LIEBER HERR UND HEILAND MEIN

Du, o schönes Weltgebäude*
Magst gefallen, wem du willst;
Ist doch deine eitle Freude
Stets mit lauter Angst umhüllt.
Denen, die den Himmel hassen,
Will ich ihre Weltlust lassen;
Mich verlangt nach dir allein,
Lieber Herr und Heiland mein!

Freie Friedhofsfahrten bietet
Die Gemeinde Hohenbrunn.
Einen Bus hat sie gemietet,
Allen Bürgern wohlzutun,
Die, ob krank, ob reich an Jahren,
Frohgemut zum Zielort fahren,
Um in stillem grünen Hain
Ihrem Heiland nah' zu sein.

---

* Die kursiven Strophen entstammen dem barocken »Pilgerschaftslied« von Johann
 Franck (1618–1677)

Komm, o Tod, des Schlafes Bruder,
Komm und führe mich nur fort!
Löse meines Schiffleins Ruder,
Bringe mich zum sichern Ort!
Mag, wer immer will, dich scheuen,
Mich vielmehr kannst du erfreuen,
Denn durch dich komm' ich hinein
Zu dem lieben Heiland mein!

Jeden zweiten Mittwoch holet
Sie der Bus zuhause ab,
Woraufhin die Gruppe johlet:
»Fährmann, bringe uns zum Grab!«,
Wo sie drehen tausend Runden,
Und der Fahrer wartet Stunden,
Bis er zürnt und denkt: »Ja, mein
Lieber Herr Gesangsverein!«

Tausendmal pfleg' ich zu sagen
Und noch tausendmal dazu:
Würd' ich doch ins Grab getragen,
O so käm' ich ja zur Ruh,
Und mein bestes Teil, das würde,
Frei von dieses Leibes Bürde,
Dort im Himmel bei dir sein,
Lieber Herr und Heiland mein!

Und der arme Fahrer schauet
Auf dem Friedhofsrund umher,
Ob die Gruppe Scheiße bauet,
Und er findet sie nicht schwer:
Ei, sie trällern laute Weisen,
Und sie lassen Tropfen kreisen
Zu Gesängen fromm und fein
Von des Heilands Gnadenschein:

Müde, die der Arbeit Menge
Und der heiße Strahl beschwert,
Wünschen, dass des Tages Länge
Werde durch die Nacht verzehrt,
Dass sie nach so vielen Lasten
Könnten sanft und süße rasten.
Mein Wunsch ist, bei dir zu sein,
Lieber Herr und Heiland mein!

Doch im Schatten einer Hecke,
Fern des Tales Müh' und Groll,
Pfeift die Gruppe sich mit Ecke
's Edelkirsch die Hucke voll.
Und ihr Geist erhebt sich mächtig,
Und die Stimmung, sie ist prächtig,
Und sie grölen wie ein Schwein.
Auch der Fahrer fällt mit ein:

Weil ich doch die Friedensauen
Und den goldnen Himmelssaal
Jetzt nicht kann nach Wünschen schauen,
Sondern muss im Tränental
Noch im Prüfungskampfe leben,
Soll mein Geist sich doch erheben,
Unterdessen bei dir sein,
Lieber Herr und Heiland mein!

Unterm Monde schließt die Sause,
Denn die Leiber sind gefüllt.
Schlingernd rollt der Tross nach Hause,
Wo sich Glück in Decken hüllt.
Und schon bald wie neugeboren
Bricht der Bus der Senioren
Wieder in den Friedhof ein,
Lieber Herr und Heiland mein!

Bald ist es wieder soweit: Dann klopft Weihnachten an die Tür der »Herbergen« unserer Befindlichkeit, doch der »Moloch« Konsumterror treibt uns in die Kaufhäuser, wo wir irgendwelchen Quatsch kaufen und Tand und »Pullover« und alles. Man gehe nur mal in die »City« und frage ein Geschenke-Einkaufsmännlein nach seiner Meinung zum »Verhältnis« zwischen a) Erlöser, b) King Mammon. Das Männlein wird – schön »doof« kucken und sich eine stinkende Gülle von gar keinen Gedanken machen! So ist der Arbeiter, der ganz normale »Otto« heute. Und man merkt schon, diesmal gibt's viele »Anführungszeichen«. Das kommt vom »Tannebaum«. Seit gestern hab ich einen Tannebaum, da sitze ich jetzt drunter und lese beispielsweise den Verwarnungszettel meines Wohnungsnachbarn:

Bei der hier herrschenden »Parkplatzknappheit« ist es eine Unverschämtheit, Ihr Auto so »schräg« hinzustellen. Und »Fahrräder« gehören in den Keller!

Dazu muss man wissen: Mein Nachbar ist ein Saubatzen mit reichlich »Ebbe« in der Birne, und seit neuestem meint er halt, dass alle Wörter, auf die es irgendwie ankommt, auf Gänsefüßchen durch die »Gegend« watscheln müssen. Dabei gehören Räder gar nicht in den Keller. Sie gehören pittoresk an die »Hauswand« gelehnt und bei Regen in den Hausflur, damit man sie, wenn der Regen aufgehört hat, schnell und ohne Mühe wieder an die Hauswand lehnen kann. Ich habe nichts gegen Andersdenkende. Aber andersdenkende Nachbarn sollte man mit guten »Worten« von der Falschheit ihrer Ansicht überzeugen. Und wenn sie immer noch nicht hören wollen, dann schießt man ihnen in den »Kopf«. Aber Vorsicht: Erschossene Nachbarn nicht pittoresk an die Hauswand lehnen! Da werden sie ja »nass«.

»Themenwechsel«. Kürzlich machte eine »feine« Illustrierte namens »PM – Peter Moosleitners interessantes Magazin« sich folgende »Gedanken«: *»Geht man von 15 Zentimetern (erigierter) Penislänge aus, erlebt eine Frau während ihres Liebeslebens insgesamt*

›*200 Kilometer Penis*‹: *Das entspricht der sechsfachen Länge des Ärmel-kanal-Tunnels.*«

Aber kommt es darauf an? Ich sage nein. Kilometer sind sowenig ein Aphrodisiakum wie Doppelzentner. Der Beweis: Unterstellt man eine durchschnittliche Gewebemasse von 700 Gramm, erlebt ein Mann im Laufe seines Liebeslebens unter anderm 180 000 Tonnen »Oberweite«. Das entspricht dem neunfachen »Gewicht« des Oberhausener Finanzamts. Ist ja »super«.

Noch viel »spannender« ist allerdings die Frage, wie's beim Blauwal aussieht. Geht man, wie erst kürzlich ein Bericht auf »vox«, von drei Metern aus, erlebt eine Blauwaldame während ihres Liebeslebens vier Millionen Kilometer Penis, aber: Ungefähr so weit muss sie auch »schwimmen«, um überhaupt einen zu finden. Und die Menschenfrauen?

Die meisten finden »einen« in der Heimatstadt, oft sogar im selben Viertel. Das ist schön. Andererseits bekommt die Blauwalin dann auch zwanzigmal mal soviel – auf einen »Streich«! Viel hat sie davon aber nicht. Umfragen ergaben, dass nur jede zehnte Blauwaldame Vaginalorgasmen kennt, alle anderen »tun« nur so. Nach der langen »Anfahrt« ist dies andererseits kein Wunder. Der chauvi Blauwalmacker könnte ja was merken, in seiner »sprichwörtlichen« Eitelkeit verletzt sein, und schon hätte unsere »Dame« die nächsten vier Millionen Kilometer am »Hals«.

Kurzum: Hier steht Pragmatik absolut im »Vordergrund«. Nun aber »frohe« Weihnachtszeit!

AUF AMELAND, AUF AMELAND

Da sitzt ein nasser Mann am Strand,
Der ist schon oft ins Meeer gerannt
Mit Anzug, Hemd und Schuhen.

Dann hockt er sich, der arme Tropf,
Und denkt mit seinem ganzen Kopf:
O Gott, was soll ich tuhen?

Stumm sitzet so das Menschenkind
Und wird dank Sonne, Zeit und Wind
Zwar immer wieder trocken.

Doch bleiben zweie nass und blind,
Weil umherum sie Schuhe sind.
Gemeint sind seine Socken.

Das dünkt den armen Mann dann echt
Dem Rest der Kleidung ungerecht.
Er ruft mit lauten Stimmen:

»Sie stehen auf? Wohin, der Herr?»
»Ins Meer, mein lieber Freund, ins Meer!«
Dann geht er wieder schwimmen.

TREND ZUM 3-LITER-UFO

Geringerer Spritverbrauch, kleinere Abmessungen, aber auch weniger Kofferraum: So präsentierten sich viele der neuen Modelle auf dem kürzlichen »Dritten Ufologen-Kongreß« im rheinischen Kaarst. Heiner Wock, langjähriger Vortragsreisender in Sachen Unbekannte Flugobjekte, brachte zum Ende seiner Eröffnungsrede auf den Punkt, was den rund zweihundert aus ganze Deutschland angereisten Liebhabern längst schwante: »Die neue Aliensgeneration«, frohlockte der hauptberufliche Liftboy, »denkt ökologisch. Weg vom Statussymbol Raumkreuzer, hin zum schadstoffarmen Weltenflitzer, Recycling statt einfach ins Universum schmeißen!«

In der Tat scheint, glaubt man den Ufologen, ein allweites Umdenken eingesetzt zu haben. Auch Messe-Organisator Michi Schlotterbeck beteuert: »Die neuen Untertassen, mit Ausnahme der aus Orion 8, dem Virgo-Nebel und der Südmilchstraße, sind erheblich kleiner. Früher konnten die Außerirdischen mit ihren stadtgroßen Schiffen ausschließlich auf Steppen, in der Tundra, Sahara usw. landen. Vorgestern tuckelte ein Pegasianer-Schiffchen in meinen Vorgarten. Es war kaum größer als mein Renault alpin turbo.«

Dreimal ist der gebürtige Westfale von Extraterristen entführt und vergewaltigt worden, aber nie war es so eng wie diesmal. Schlotterbeck: »Es waren der Fahrer und der Beifahrer. Sie nahmen Blut- und Speichelproben, steckten Nadeln in meine Ohrläppchen, gossen grüne Säure über mich und analysierten meine Genstruktur. Das machen sie ja immer. Nur dass es heuer eben nicht in einer Art Superklinik vonstatten ging, sondern auf der Rückbank. Bequem war das nicht.«

»Aber unbequem auch nicht.« Seit dreizehn Jahren steht die Münchnerin Evi Riesenhuber in einem, wie sie am Rande des Kongresses in einem streng vertraulichen Gespräch verrät, »nicht nur telepathischen Kontakt mit TITUS«, dem »neptunischen Lichtwesen aus der fünften Dimension«. Er besitze, kommt sie geradezu ins

Schwärmen, »nun auch ein praktisches Klein-Ufo, drei Liter auf hundert Lichtjahre, und darin hat er mich genommen. Es war«, sagt sie lächelnd, »wie bei meinem ersten Freund Maxl. Abgesetzt hat er mich dann direkt vor meinem Jazzkeller in Schwabing«.

Die kleinsten und wendigsten Ufos allerdings, da ist der Kongress sich einig, verlassen das Band im Pferdekopfnebel. Erna aus Berlin: »Abends um halb sieben legte sich ein grelles Licht um mein Haus. Dann kam dieser blaue Energiestrahl, wie ihn die Andromedaner benutzen. Ich verschwand durchs Dach, wurde hochgebeamt. Aber stellen Sie sich meine Überraschung vor, als ich nicht ins Raumschiff passte! Die Pferdeköpfler sind ja eh recht hutzelig, und seitdem sie diese neuen Ökodinger fahren … Noch heute habe ich überall Beulen!« Unverrichteter Dinge wurde sie zurückgebeamt.

Das hat sie enttäuscht. Entführungen zählen zu ihren liebsten Erlebnissen; und nicht nur zu ihren. Den Kongressteilnehmern gelten die Spritztörns ins All als die mit Abstand schönsten Tage des Jahres, noch vor Weihnachten, Ostern und Urlaub. Kein Wunder: Kaum mehr als zwanzig Euro sind für einen Hin- und Rückflug zu berappen; im Vergleich zu terrestrischen Tarifen zweifellos ein Schnäppchen.

Früher waren sie sogar gratis. Der Stuttgarter H. M. Schleyer etwa, reisehungriger Arbeitgeberchef und an kostenlose Luxustörns gewöhnt, legte noch im Herbst 1977 keinen Heller hin – selbst nach der Bitte der kalauernden Entführer, auf der Erde eingesperrte »Extraterroristen« umgehend freizulassen. Erst als immer mehr Erdenbürger Kontakt mit den Aliens aufnahmen und Interesse an einer Entführung oder, wie's im Fachjargon heißt, »Abholung« bekundeten, gingen die Außerirdischen dazu über, Geld zu nehmen.

»Sie sind halt nicht dumm«, teilt Else Kampewski, Marktfrau aus Duisburg-Rheinhausen, die Meinung des Autors. »Im Gegenteil, die sind oft schlauer wie wir.« Im vergangenen Sommer wurde sie zum neunten Mal von Venusianern abgeholt, kleinen, gelbkarierten Wesen mit Furunkeln unterm Sweatshirt – und traf, in einem der kultigen Nordpol-Krater, ihren bekloppten Nachbarn Erwin Schütte. Seitdem kriegen sie da keine zehn Pferde mehr hin.

Ihr neuester Geheimtip sind die Jupitermonde. Dort, sagt sie, sei es nicht gar so heiß wie auf dem Mutterplaneten, und einsame Traumbuchten gebe es im Überfluss. Nur wellnessbaden »sollte man in den blubbernden Aluminiumseen nicht zu häufig. Aber ich walk eh lieber«.

Doch auch damit könnte es schon bald ein Ende haben. Setzt sich der Trend zum ökologischen Klein-Ufo himmelweit durch, dürften in absehbarer Zeit kaum mehr als drei, im Höchstfall vier Plätze pro Raumschiff reservierbar sein, zu wenig angesichts steigender Nachfrage. Erwartbarer Effekt: Im Kofferraum wird es eng. Und auch die Preise dürften erneut anziehen.

Um dem entgegenzuwirken, gründeten einige weniger Betuchte schon im Vorfeld des Kongresses den »ALL-Tourismus für ALLe e.V.« Vorstandsdichter Günter Grass (SPD):

Chuzpe

Es geht nicht an,
dass der kleine Mann wieder
einmal außen vor
bleibt. Marsfahrten über 2000 Euro

können sich viele nicht
leisten. Da fahren die doch
lieber gleich in
die
Hei
de

Sein Antrag an die Ufologen, Entführungsangebote über hundert Euro kategorisch abzulehnen, fand in Kaarst allerdings keine Mehrheit.

Das eigentliche Problem sprach, zum Ende der Veranstaltung, Organisator Schlotterbeck an. Immerhin gilt die zunehmende Erdpräsenz von Aliens als Indiz für eine baldige terrestrische (Umwelt-, Atom-) Katastrophe, befinden sich die Außerirdischen gleichsam in Wartestellung, um die »bewussteren« Erdmenschen zu retten. Schlotterbeck: »Aber wer weiß, ob dann wirklich alle Spinner unterkommen?!«

Und nicht nur das. Schwierig dürfte es in Zukunft ebenfalls sein, die neuen Mini-Ufoflitzer immer auch als solche zu erkennen. In der Nacht vom dritten zum vierten Januar fühlte sich Monika Hahn, Ex-Sportlehrerin aus Hamburg, auf dem Fußweg nach Hause »frontal von einem irgendwie total beglückenden Lichtkegel erfasst, wie magnetisch auf die Fahrbahn gezogen und da magisch festgehalten«.

Es war eine 1100er Kawasaki.

REISEGRÜSSE AUS DEUTSCHLAND
Mit Gastgrüßen von Joachim Schulz

Schon am Freitagabend stießen
Wir im Wald auf dieses Schloss.
Wie erschaffen zum Genießen:
Dampf-Event im Erdgeschoss!

Altenbergen ist bekannt
Für pulsierende Erotik
Und auch baulich interessant
(Stichwort Renaissance und Gotik).

Sonntags jubelten wir beide:
Grüß dich, Mailing-Ingolstadt!
Mekka hellster Lebensfreude!
(Unten links das Internat.)

Wo die Hochhaustürme streben
Schief zum Himmel: Da liegt Flein.
Gsella mag hier ewig leben,
Schulz sogar begraben sein.

Anderntags dann in Mühlhausen
Hockten wir uns auf die Bank,
Ließen Schweine um uns sausen
Und genossen den Gestank.

Mittwochs Räuberschachturnier
Im Revierpark Vonderort.
Im Finale siegten wir
Mittels Bauernmassenmord.

Donnerstags im Zentrum Wimpfen
Gab es Brei mit Magensaft.
Stündlich durften wir zum Impfen,
Und der Pool war sagenhaft.

Freitags starrten wir begeistert
Bei Rappbode in den See,
Dessen Stau man fein gemeistert.
Abschied tat uns äußerst weh.

Und am Samstag endlich: Plauen-
Rundfahrt mit der Straßenbahn!
Hat uns völlig umgehauen.
Welch ein Türmchen! Gruß an Jan.

Sanft ist sie dann ausgeklungen,
Unsre kleine Heimatreise.
Gsella ist vom Dach gesprungen,
Und Herr Schulz hat jetzt 'ne Meise.

HINWEISE

Alle in diesem Band versammelten Texte erscheinen hier erstmals in Buchform. Erstveröffentlicht wurden manche in der Frankfurter Satirezeitschrift Titanic, dem Hamburger Revolverblatt Konkret, der Berliner Tageszeitung taz, der Frankfurter Allgemeinen Zeitung, der Zürcher Wochenzeitung, im Magazin der Süddeutschen Zeitung, im Folio der Neuen Zürcher Zeitung sowie im WDR, SWR, HR und anderen ARD-Rundfunksendern.

NAMENSREGISTER

BILDNACHWEIS

Seiten/Rechteinhaber/Quelle

138:       Image Stock & People GmbH, Berlin
139:       ddp images, Hamburg/dapd/Torsten Silz
140:       Picture Alliance, Frankfurt/dpa Bildarchiv
152:       Picture Alliance, Frankfurt/dpa Bildarchiv
155:       Picture Alliance, Frankfurt/dpa Bildarchiv
157:       Picture Alliance, Frankfurt/dpa report
160:       Reuters, Berlin/Rafiquar Rahman
161–164: Bildrechte nicht ermittelbar
174:       Picture Alliance, Frankfurt/Stefan Matzke/sampics
175 li.:   Picture Alliance, Frankfurt/dpa-Bildarchiv
175 r.:   aus Wikipedia
188:       Sabine Dähn-Siegel, in: *Mainpost*, Würzburg,
          23. 12. 2009
190–196: Max Glemmer
199:       Dank an den Einsender und *Titanic*-Leser Matthias
          Davis!
204:       Bildrechte nicht ermittelbar
210–214: Privatarchiv

Die Rechteinhaber einiger Abbildungen konnten trotz intensiver Recherche bis Redaktionsschluss nicht ermittelt werden. Der Verlag bittet Personen oder Institutionen, welche die Rechte an diesen Abbildungen haben, sich zu melden.